AS NUVENS
SÓ PARA MULHERES
UM DEUS CHAMADO DINHEIRO

A COMÉDIA GREGA

vol. 1	ARISTÓFANES	As Nuvens, Só para Mulheres, Um Deus Chamado Dinheiro
vol. 2	ARISTÓFANES	As Vespas, As Aves, As Rãs
vol. 3	ARISTÓFANES	A Greve do Sexo, A Revolução das Mulheres

A TRAGÉDIA GREGA

vol. 1	SÓFOCLES	*A Trilogia Tebana* Édipo Rei, Édipo em Colono, Antígona
vol. 2	ÉSQUILO	*Oréstia* Agamêmnon, Coéforas, Eumênides
vol. 3	EURÍPIDES	Medéia, Hipólito, As Troianas
vol. 4	ÉSQUILO SÓFOCLES EURÍPIDES	Os Persas Electra Hécuba
vol. 5	EURÍPIDES	Ifigênia em Áulis, As Fenícias, As Bacantes
vol. 6	ÉSQUILO SÓFOCLES EURÍPIDES	Prometeu Acorrentado Ájax Alceste

ARISTÓFANES

As Nuvens
Só para Mulheres
Um Deus Chamado Dinheiro

Tradução do grego, introdução e notas:
MÁRIO DA GAMA KURY

3ª edição

ZAHAR

Jorge Zahar Editor Ltda.
rua Marquês de S. Vicente 99 – 1º | 22451-041 Rio de Janeiro, RJ
tel (21) 2529-4750 | fax (21) 2529-4787
editora@zahar.com.br | www.zahar.com.br

Edições anteriores: 1995, 2000

Capa: Sérgio Campante
Composição: TopTextos Edições Gráficas

CIP-Brasil. Catalogação-na-fonte
Sindicato Nacional dos Editores de Livros, RJ.

A749n Aristófanes
3.ed. As nuvens; Só para mulheres; Um deus chamado dinheiro / Aristófanes; tradução do grego, introdução e notas de Mário da Gama Kury. — 3.ed. — Rio de Janeiro: Zahar, 2003.

(A comédia grega; v.1)

Tradução dos originais gregos
ISBN 978-85-7110-306-1

1. Teatro grego (Comédia). I. Kury, Mário da Gama. II. Título. III. Título: Só para mulheres. IV. Título: Um deus chamado dinheiro. V. Série.

03-1309 CDD: 882
CDU: 821.14'02-2

SUMÁRIO

Introdução

Aristófanes, o mais famoso comediógrafo da Antigüidade grega e até hoje apreciado por leitores e espectadores incontáveis, nasceu em Atenas aproximadamente em 455 a.C., e lá morreu em torno de 375 a.C. Das 44 comédias por ele escritas chegaram até nossos dias 11: *Os acarnenses*, estreada em 425 a.C.; *Os cavaleiros* (424); *As Nuvens* (423); *As vespas* (422); *A paz* (421); *Os pássaros* (414); *A greve do sexo* (ou *Lisístrata*, 411); *Só para mulheres* (ou *Tesmoforiazusas*, 411); *As rãs* (405); *A revolução das mulheres* (ou *Eclesiazusas*, 392) e *Um deus chamado dinheiro* (ou *Pluto*, 388).

Na época de Aristófanes a comédia correspondia de certo modo à imprensa, e nela eram criticadas as instituições, os políticos de um modo geral e principalmente os corruptos, os abusos de autoridade, as peças de teatro etc. A linguagem da comédia era desabrida e contundente, muito diferente da tragédia, à exceção do lirismo de alguns coros encantadores. Havia comunicação direta entre o autor e os espectadores, por meio do corifeu, que se dirigia à platéia em nome do autor na parábase (à exceção das últimas peças que, devido aos governos discricionários impostos após a derrota dos atenienses pelo espartanos, não tinham essa parte).

As Comédias Traduzidas

1. As Nuvens. Strepsiades, um fazendeiro idoso, estava sendo arruinado por sua mulher, de família rica, e por seu filho Fidipides, fanático por carros e cavalos. Strepsiades ouviu falar em Sócrates, um filósofo que por seus sofismas era capaz de fazer a causa pior parecer a melhor, e ficou esperançoso de poder enganar seus credores valendo-se dos ensinamentos socráticos. Em face da recusa de seu filho de entrar para a escola de Sócrates (o "Pensatório", ou "Oficina de Pensamento"), Strepsiades toma a decisão de ele próprio freqüentá-la. Lá, é apresentado por Sócrates às Nuvens, as verdadeiras divindades causadoras dos trovões e das chuvas (e não Zeus, o deus maior dos gregos, como se supunha). Strepsiades, todavia, de tão simplório e preocupado com suas dívidas, nada consegue aprender, e Fidipides toma o seu lugar de aluno. Sócrates entrega Fidipides ao Raciocínio Justo e ao Raciocínio Injusto para receber lições diretamente deles. Há um debate entre os dois Raciocínios, no qual o vencedor é o Raciocínio Injusto. Com a ajuda das lições recebidas por Fidipides, Strepsiades consegue livrar-se de seus credores. Mas a situação vira-se contra ele quando, valendo-se das mesmas lições, Fidipides passa a espancar o pai e prova que, agindo assim, está fazendo apenas justiça. Desgostoso com a situação, Strepsiades incendeia o Pensatório, para desespero dos demais discípulos de Sócrates.

Muito provavelmente esta comédia de Aristófanes influiu no julgamento de Sócrates e em sua condenação à morte.

2. Só para mulheres. As mulheres de Atenas estão preparadas para celebrar sua festa — as Tesmoforias —, da qual os homens não podiam participar. Eurípides foi informado de que as mulheres, enfurecidas com as reiteradas acusações em suas peças sobre o caráter e a maldade do sexo feminino, estavam tramando sua morte. Ele tenta convencer Agaton, um tragediógrafo efeminado, a participar da festa vestido de mulher e defender sua causa. Agaton recusa-se e diante disso Mnesíloco, sogro de Eurípides, oferece-se corajosamente a ir em seu lugar. Devidamente barbeado, depilado e vestido de mulher, Mnesíloco dirige-se à festa das mulheres. Ouvem-se discursos inflamados contra Eurípides; Mnesíloco toma sua defesa, mencionando o número ainda maior de coisas que o poeta trágico poderia ter dito sobre as mulheres sem faltar à verdade. A indignação geral causada pela fala de Mnesíloco é interrompida pela chegada de notícias de que um homem havia penetrado na festa disfarçado de mulher. Realiza-se um interrogatório e Mnesíloco é descoberto e preso. Imitando o herói de uma das peças de Eurípides, Mnesíloco escreve uma mensagem em quadros votivos do templo e a lança ao ar. Ele passa a representar o papel de Helena, e Eurípides, que chegava para ajudá-lo, aparece como Menelau. Há uma cena de reconhecimento no estilo das de Eurípides em suas tragédias, mas uma mulher da guarda impede o encontro dos dois. Um policial chega em seguida e agrilhoa Mnesíloco. Eurípides passa a falar como se fosse Perseu, e Mnesíloco fala como se fosse Andrômeda numa tragédia de Eurípides, acorrentada a uma rocha, mas o policial evita a tentativa de ajuda. Afinal, Eurípides propõe condições às mulheres para uma reconciliação: ele nunca mais falará mal delas se libertarem seu sogro. As mulheres concordam, porém resta convencer o soldado que detinha Mnesíloco. Essa tentativa é bem-sucedida graças a uma bonita dançarina, que atrai o soldado para longe de seu posto, tornando possível a fuga de Mnesíloco.

3. Um deus chamado dinheiro. Crêmilo está de tal maneira indignado ao ver ricos desonestos por todos os lados, enquanto ele mesmo é honesto e pobre, que consulta o oráculo de Apolo para saber se deveria ou não educar seu filho como um trapaceiro. O deus aconselha-o a seguir a primeira pessoa que encontre ao deixar o santuário e levá-la para ir morar com ele em sua casa. Essa pessoa é um velho cego que, sob pressão de ameaças, revela sua identidade: trata-se de Pluto, o deus da riqueza, que Zeus cegara por estar desgostoso com os homens. Crêmilo decide obter a cura da cegueira de Pluto, de tal maneira que ele possa evitar as pessoas más e enriquecer apenas as virtuosas. Pluto teme a vingança de Zeus, porém convence-se logo de que é realmente mais poderoso que o próprio Zeus, e deixa-se levar até o templo de Asclépio, deus-médico, para ser curado. A Pobreza intervém e tenta convencer Crêmilo a desistir de sua idéia, alertando-o para as conseqüências desastrosas de sua decisão, pois a pobreza é a fonte de todas as virtudes e a força motriz de todo esforço humano e causa da grandeza da Hélade. Mas Crêmilo não se deixa persuadir. A sessão de cura no templo de Asclépio é descrita hilariantemente e Pluto, já com a visão recuperada, volta à casa de Crêmilo, que agora ficara rico. Chegam em seguida numerosos visitantes: um homem honesto, que fora pobre durante muito tempo e agora está próspero, desejoso de consagrar ao deus seu manto e suas sandálias velhas e estragadas; um sicofante, indignado por estar reduzido à ruina; uma velha, abandonada pelo gigolô que antes a adulava para explorá-la; o deus Hermes, que agora nada obtém no céu para comer e procura emprego na terra; e finalmente o próprio sacerdote de Zeus, também na iminência de morrer de fome.

Esta comédia foi a última de Aristófanes, o "enfant terrible" das Musas, e já se aproxima das características da Comédia Intermediária.

Muitos contemporâneos de Aristófanes não lhe deram o devido valor, pois só lhe concederam a palma da vitória nos concursos oficiais de comédias em três de suas peças conservadas: *Os acarnenses*, *Os cavaleiros* e *As rãs*.

Um deles, porém (talvez o mais ilustre), prestou-lhe uma homenagem consagradora, que os leitores e espectadores de suas obras vêm reiterando há quase dois milênios e meio. Platão, o mais famoso ateniense da época, dedicou-lhe um epigrama que chegou até nós:

> "As Graças procuravam um altar perene;
> acharam-no na inteligência de Aristófanes."
>
> (*Antologia grega*, edição de Cougny, vol. III, p. 293,
> Paris, reimpressão de 1927)

Além de seu grande valor intrínseco, as comédias de Aristófanes são a fonte mais autêntica para a reconstrução dos detalhes da vida cotidiana em Atenas na época clássica.

Reproduzimos na tradução a linguagem forte do original, característica da Comédia Antiga, sem contribuir com qualquer acréscimo nosso.

Para *As Nuvens* seguimos principalmente o texto da edição anotada de W. J. M. Starkie (reimpressão de 1966, Amsterdam, Adolph M. Hakkert). Para as demais comédias valemo-nos geralmente do texto da edição de Victor Coulon (Paris, "Les Belles Lettres", 2ª edição, 1934).

Rio, janeiro de 1995
MÁRIO DA GAMA KURY

As Nuvens

Época da ação: Século V a.C.
Local: Atenas
Primeira representação: 423 a.C., em Atenas

PERSONAGENS

STREPSIADES
FIDIPIDES, filho de Strepsiades
ESCRAVO
DISCÍPULO de Sócrates
SÓCRATES
RACIOCÍNIO JUSTO
RACIOCÍNIO INJUSTO
PASIAS } credores de Strepsiades
AMINIAS }
TESTEMUNHA
CORO das Nuvens, dividido às vezes em dois SEMICOROS

Cenário

O quarto de dormir de STREPSIADES, que está deitado. Vêem-se também FIDIPIDES e escravos adormecidos. Pela janela vê-se a casa de SÓCRATES. É noite.

STREPSIADES

Levantando-se.

Como são longas estas noites, Zeus[1]! Parece que o dia nunca vai chegar! O galo já cantou há muito tempo, mas os meus escravos ainda estão roncando. Antigamente não era assim. Maldita seja a guerra por muitas razões e principalmente porque ela não deixa castigar estes vagabundos![2] Este meu bom filho não acorda durante a noite toda; ele dorme e peida enrolado em cinco cobertores.

STREPSIADES torna a deitar-se.

Se vocês deixarem eu também vou roncar.

Após um curto silêncio.

Mas coitado de mim! Não posso dormir, atormentado pelas despesas, pelo custo das cocheiras e dos cavalos e pelas dívidas contraídas por meu filho para sustentar tudo isso! Exibindo sua longa cabeleira ele monta a cavalo, guia um carro, sonha com cavalos, enquanto eu estou minguando ao ver a lua[3] trazendo os dias dos vencimentos, ao mesmo tempo que as dívidas e os juros se amontoam.

Acordando um dos escravos.

Acenda a lâmpada, cara! Vá buscar meu livro de contas! Quero ler os nomes de todos os meus credores e calcular logo os juros!

O escravo obedece.

Ai de mim! Vejamos as minhas dívidas: doze minas[4] a Pasias... Por que doze minas a Pasias? Por que pedi emprestadas essas minas? Foi quando comprei um certo cavalo... Por que não acertei uma pedrada no olho dele?

FIDIPIDES

Sonhando.

Você está me tapeando, Fílon! Mantenha a sua posição!

STREPSIADES

É esta a minha perdição! Mesmo dormindo ele sonha com cavalos e nada mais!

FIDIPIDES

Ainda sonhando.

Quantas guinadas vão dar os carros de guerra?

STREPSIADES

Quantas vezes você me faz dar "guinadas", eu, seu pai?

Lendo o livro de contas.

Mas vejamos: a quem devo pedir dinheiro emprestado depois desse Pasias? Três minas por um banquinho para o carro, e um par de rodas a Aminias...

FIDIPIDES

Ainda sonhando.

Traga o cavalo para a cocheira depois de fazer o bicho rolar no chão![5]

STREPSIADES

Sou eu que você obriga a rolar para longe de meus bens, meu caro! Já fui condenado a pagar contas, e outros credores me ameaçam de tomar o que me resta para garantia das dívidas.

FIDIPIDES

Acordando.

Por que, meu pai, você tem de fazer essas coisas desagradáveis em plena noite, rolando na cama o tempo todo?

STREPSIADES

É a ferroada de... um oficial de justiça[6] que me obriga a sair debaixo do cobertor.

FIDIPIDES

Me deixe dormir um pouco, homem possuído pelo diabo!

FIDIPIDES torna a adormecer.

STREPSIADES

Durma, então, mas fique sabendo de que todas essas dívidas um dia vão cair em cima de sua cabeça! Ah! Por que não morreu miseravelmente a fofoqueira que pôs em minha cabeça a idéia de me casar com sua mãe? Eu levava uma vida feliz de caipira; minha existência era simples e dura, sem frescuras; eu tinha uma porção de colméias, ovelhas, bagaço de azeitonas... De repente me casei com a sobrinha de Megaclés, filho do nobre Megaclés, eu, um caipira, e ela uma moça da cidade, uma senhorita, uma pretensiosa, metida a grande dama. No dia do casamento, ao lado dela na mesa, eu cheirava a vinho novo, a queijo ainda nas fôrmas, a lã tosada pouco tempo antes — a abundância!; ela cheirava a perfumes, a açafrão, a beijos amorosos — despesas, ambição! —, devota de Afrodite[7], padroeira do peru e das atividades dele. Não quero dizer que ela era preguiçosa; ao contrário, as mãos dela estavam sempre ocupadas, e eu mostrava a ela o meu manto com alguma coisa dura por baixo, aproveitando para dizer: "Você sabe mexer muito bem com as mãos, mulher!"

O lampião apaga-se.

ESCRAVO

Acabou o óleo do lampião, patrão!

STREPSIADES

Coitado de mim! Por que você acendeu este lampião que gasta óleo demais? Venha até aqui para eu lhe dar umas porradas!

ESCRAVO

Mas por que o senhor quer me dar porradas, patrão?

STREPSIADES

Porque você pôs uma mecha muito grossa no lampião.

O Escravo *afasta-se com o lampião.*

Strepsiades

Continuando a monologar.

Logo depois do nascimento deste filho meu e de minha muito boa esposa, eu e ela discutimos sobre o nome a dar a ele. Ela queria que o nome tivesse alguma coisa que lembrasse "cavalo"[8]: Xântipo, Cáripo ou Calipides. Eu, pensando no avô dele, queria que fosse Filonides[9]. A discussão durou muito tempo, mas finalmente a gente concordou com Fidipides. Ensinando a ele as palavras a mãe dizia: "Quando você for grande e guiar seu carro para ir à cidade, como Megaclés, vestindo uma túnica da cor de púrpura...". E eu dizia: "Em vez disso, quando você trouxer as cabras do monte Fileu[10], como seu pai, vestido com uma pele de cabra...". Mas ele não quis de jeito nenhum ouvir minhas palavras e atropelou meus bens com seus cavalos. Agora, obrigado a procurar durante toda a noite a melhor saída, só achei uma: um caminho divinamente maravilhoso; se eu puder convencer meu filho a seguir esse caminho, estou salvo!... Mas antes tenho de acordar este dorminhoco. Como devo agir para despertar Fidipides da maneira mais agradável possível? Como? Fidipides! Meu Fidipidesinho!...

Fidipides

Que é, meu pai?

Strepsiades

Me abrace e me dê sua mão direita!

Fidipides

Aqui está ela. Qual é o caso?

Strepsiades

Me diga se você gosta de mim.

Fidipides

Gosto sim, por Poseidon[11] que está ali, o deus dos cavalos.

STREPSIADES

Não! Não me fale muito deste deus dos cavalos! Ele é a causa de minha desgraça. Mas se você quer mesmo bem a seu velho pai, meu filho, de todo o coração, faça o que eu vou dizer.

FIDIPIDES

Que é que você quer que eu faça?

STREPSIADES

Mude completamente e o mais depressa possível seu modo de viver e aceite o que vou lhe recomendar.

FIDIPIDES

Então fale. Quais são as suas ordens?

STREPSIADES

Você vai me obedecer um pouquinho?

FIDIPIDES

Obedeço, sim, por Dioniso[12].

STREPSIADES

Fazendo um gesto com a mão na direção da casa de SÓCRATES.

Olhe para este lado; você está vendo aquela casinha e aquela portinha?

FIDIPIDES

Estou vendo. Que é que você quer dizer com isto, meu pai?

STREPSIADES

Ali é o "Pensatório", a escola dos espíritos sabidos. Lá dentro vivem pessoas que, falando a respeito do céu, nos convencem de que ele é um forno que cobre a gente e de que a gente é o carvão dele. Aqueles caras ensinam os outros, se eles quiserem contribuir com algum dinheiro, a tornarem vitoriosas todas as causas, justas ou injustas, usando só as palavras.

FIDIPIDES

E quem são esses caras?

STREPSIADES

Não sei muito bem o nome deles; eles são pensadores-meditabundos e muito sérios.

FIDIPIDES

Agora eu sei quem são eles! Você está falando daqueles vigaristas, descalços e brancosos, daquela turma onde estão o maldito Sócrates e o Cairefon[13] maldito.

STREPSIADES

Cale a boca! Não diga bobagens! Mas se você se preocupa com seu pai e quer que ele tenha pão para comer, passe a ser um deles e abandone a sua cavalaria.

FIDIPIDES

Não! Nem se você me oferecesse os faisões criados por Leagoras[14]!

STREPSIADES

Escute o meu apelo! Você, que é a criatura mais querida por mim, vá aprender com eles!

FIDIPIDES

O que é que você deseja que eu aprenda com aquela gente?

STREPSIADES

O pessoal diz que eles usam dois raciocínios ao mesmo tempo: o justo e o injusto. Um desses raciocínios — o injusto — derrota o outro — o justo — defendendo as causas injustas. Então, se você me der o prazer de aprender esse raciocínio injusto, eu não vou pagar a ninguém um simples centavo de todas as dívidas que eu contraí por sua causa, meu filho.

FIDIPIDES

Não posso obedecer, pai; eu não ia ter coragem de aparecer com a cara pálida diante dos outros cavaleiros.

STREPSIADES

Então você não vai comer mais à minha custa, nem você nem seus cavalos de carro, nem seus cavalos de montar! Eu vou pôr você para fora de casa! Vá para o inferno!

FIDIPIDES

Mas meu tio Megaclés não vai me deixar sem cavalos. Volto para a casa dele e não quero mais saber de você!

STREPSIADES

Está bem! Por ter caído uma vez não vou ficar esticado no chão! Eu mesmo, depois de invocar os deuses, vou aprender o que você não quer. Vou já para o "Pensatório"!

Hesitante.

Mas como um velho gagá, com o espírito lerdo, pode aprender as frescuras dos raciocínios certinhos?

Decidido.

Mas tenho de ir! Por que estou aqui bobeando em vez de bater nesta porta?

Batendo na porta da casa de SÓCRATES.

Menino! Menininho!

DISCÍPULO DE SÓCRATES

Do interior da casa.

Quem está batendo na porta? Vá para o inferno!

STREPSIADES

Strepsiades, filho de Pandíon, do distrito de Cicina!

DISCÍPULO

Você é um mal-educado para ter batido com esta sem-cerimônia e com tanta força na porta, causando o aborto de uma idéia já concebida em minha mente!

STREPSIADES

Desculpe; moro longe, no campo. Mas me conte como foi o seu aborto.

DISCÍPULO

Isto só pode ser dito aos condiscípulos.

STREPSIADES

Diga sem medo, pois venho ao Pensatório para ser seu condiscípulo.

DISCÍPULO

Então vou dizer, mas é necessário manter estas coisas em segredo, como se fossem mistérios. Há pouco tempo Sócrates perguntou a Cairefon quantas vezes o tamanho de suas patas uma pulga salta (ela tinha picado Cairefon na sobrancelha e pulado até a cabeça de Sócrates).

STREPSIADES

E como ele mediu o pulo?

DISCÍPULO

De uma maneira muito engenhosa. Ele derreteu cera e em seguida, pegando a pulga, pôs a cera nas duas patas dianteiras dela; quando a cera esfriou formou botas da Pérsia[15] nas patinhas da pulga; depois mediu a distância com elas.

STREPSIADES

Quanta finura de espírito!

DISCÍPULO

Que significaria isso se você soubesse de outra idéia de Sócrates?

STREPSIADES

Qual? Me diga, por favor!

DISCÍPULO

Cairefon de Sfetos perguntou se na opinião dele os mosquitos zumbem pela tromba ou pelo traseiro.

STREPSIADES

Qual foi a resposta de Sócrates quanto aos mosquitos?

DISCÍPULO

Ele disse que os intestinos dos mosquitos são muito finos; o cólon, sendo estreito, obriga o ar a passar com força diretamente até o traseiro; depois, saindo através do reto apertado, faz o ânus ressoar por causa da violência do sopro.

STREPSIADES

Então o traseiro dos mosquitos é uma trombeta! O autor desta descoberta é triplamente feliz! Com certeza, quem conhece bem o intestino pode escapar facilmente de uma condenação se for acusado...

DISCÍPULO

Há pouco tempo uma lagartixa atrapalhou uma indagação transcendental dele.

STREPSIADES

E como aconteceu isto? Me conte!

DISCÍPULO

Quando Sócrates observava a lua para estudar o curso e as evoluções dela, no momento em que ele olhava de boca aberta para o céu, do alto do teto uma lagartixa noturna, dessas pintadas, defecou na boca dele.

STREPSIADES

Que delícia! Uma lagartixa despejou toda a merda dela na boca escancarada de Sócrates!

DISCÍPULO

E ontem à noite não tínhamos o que comer.

STREPSIADES

E que trambique ele imaginou para dar comida a vocês?

DISCÍPULO

Ele espalhou sobre a mesa de um ginásio de esportes uma fina camada de cinzas, curvou uma haste de ferro e usou a haste como um compasso. Enquanto todos olhavam embasbacados ele escamoteou um manto para vender e com o dinheiro comprou comida.

STREPSIADES

Por que, então, vamos admirar o famoso Tales[16]? Abra! Abra já o Pensatório e me mostre logo esse Sócrates! Estou ansioso para ser discípulo dele. Abra a porta!

A porta é completamente aberta e se vêem no interior outros discípulos de SÓCRATES *igualmente pálidos e cadavéricos.* STREPSIADES *continua.*

De onde vieram estas bichas?

DISCÍPULO

De que você se admira? Com quem você acha que eles se parecem?

STREPSIADES

Com os prisioneiros lacônios de Pilos[17]. Mas por que eles olham tanto para o chão?

DISCÍPULO

Eles procuram o que existe embaixo da terra.

STREPSIADES

Então eles procuram cebolas.

Dirigindo-se aos discípulos.

Não sofram por isso! Sei onde vocês podem encontrar grandes e bonitas. E aqueles ali, recurvados para o chão, que estão fazendo?

DISCÍPULO

Eles investigam o Érebo até as profundezas do Tártaro[18].

STREPSIADES

Por que, então, o olho traseiro deles fica contemplando o céu?

DISCÍPULO

Eles aprendem ao mesmo tempo astronomia com os respectivos traseiros.

Dirigindo-se aos discípulos próximos à porta.

Entrem, para que o mestre não veja vocês aí!

STREPSIADES

Ainda não! Ainda não! Deixe os moços aí. Vou falar com eles sobre um probleminha meu.

DISCÍPULO

Mas eles não podem ficar ao ar livre, fora do Pensatório, durante muito tempo.

Os outros discípulos entram.

STREPSIADES

Notando alguns objetos estranhos.

Que coisas esquisitas são estas? Diga!

DISCÍPULO

São instrumentos relacionados com a astronomia.

STREPSIADES

Apontando para outro objeto estranho.

E este aqui, para que serve?

DISCÍPULO

Também para o estudo da astronomia.

STREPSIADES

E para que serve aquele outro?

DISCÍPULO

Para medir a terra.

STREPSIADES

As terras separadas em lotes?

DISCÍPULO

Não; a terra inteira.

STREPSIADES

O que você está dizendo é interessante... A idéia é democrática e boa.

DISCÍPULO

Mostrando um mapa.

Aqui está, diante de você, a terra toda. Você está vendo? Atenas fica neste ponto.

STREPSIADES

Que é que você está dizendo? Não acredito, pois não vejo juízes reunidos em sessão nos tribunais.[19]

DISCÍPULO

Pois isto representa fielmente todo o território da Ática.

STREPSIADES

E onde vivem os cicínios, meus conterrâneos de distrito?

DISCÍPULO

Eles estão ali, e como você pode ver a Eubéia é aqui, estendendo-se ao longo da costa, muito comprida, indo bem longe.

STREPSIADES

Eu sei; nós e Péricles[20] demos um puxão de orelha na Eubéia. Mas onde está a Lacedemônia?

DISCÍPULO

Onde ela está? Aqui!

STREPSIADES

Como ela está perto de nós! Trate de afastá-la para muito longe!

DISCÍPULO

Mas isto não é possível!

STREPSIADES

Você vai sofrer por isto!

Vendo SÓCRATES.

Olhe ali! Quem é aquele cara que está empoleirado naquela cesta suspensa no ar?

DISCÍPULO

É ele!

STREPSIADES

É ele quem?

DISCÍPULO

Com ar de beatitude.

Sócrates!

STREPSIADES

Alô, Sócrates!

Dirigindo-se ao DISCÍPULO.

Chame você bem alto!

DISCÍPULO

Chame você mesmo; não tenho tempo.

Sai o DISCÍPULO.

STREPSIADES

Sócrates! Socratesinho!

SÓCRATES

Suspenso numa cesta.

Por que me chama, criatura efêmera?

STREPSIADES

Para início de conversa, o que é que você está fazendo aí?

SÓCRATES

Percorro os ares e contemplo o sol.

STREPSIADES

Você está olhando dessa cesta os deuses daí de cima, e não a terra, como devia!

SÓCRATES

De fato, nunca eu poderia distinguir as coisas celestes se não tivesse elevado meu espírito e misturado meu pensamento sutil com o ar igualmente sutil. Se eu tivesse ficado na terra para observar de baixo as regiões superiores, jamais teria descoberto coisa alguma, pois a terra atrai inevitavelmente para si mesma a seiva do pensamento. É exatamente isto que acontece com o agrião.

STREPSIADES

Que papo é este? O pensamento atrai a seiva do agrião? Calma, meu Socratesinho! Desça até onde eu estou, para me ensinar as coisas que vim aprender aqui.

SÓCRATES

Descendo no balão até o chão.

Com que intenção você veio até aqui?

STREPSIADES

Eu quero aprender a falar bem. Por causa dos juros e dos credores teimosos estou sendo roubado, saqueado! Tudo que eu tinha foi penhorado!

SÓCRATES

E como você se endividou sem perceber?

STREPSIADES

Uma doença me consumiu — a dos cavalos, roedora terrível. Mas me ensine um de seus raciocínios, um que possa me livrar de devolver seja lá o que for; eu juro que pago o preço que você quiser; juro pelos deuses!

SÓCRATES

Mas você também jura pelos deuses? Para início de conversa, aqui entre nós não existe esta moeda.

STREPSIADES

E como vocês juram? Será com pedaços de ferro, como em Bizâncio?

SÓCRATES

Você quer conhecer claramente as coisas divinas e saber exatamente o que elas são?

STREPSIADES

Quero, se isto é possível.

SÓCRATES

É, sim, entrando em contato com as Nuvens, nossas divindades.

STREPSIADES

Seja o que os deuses quiserem!

SÓCRATES

Então sente-se no banquinho sagrado.

STREPSIADES

Pronto! Já estou sentado!

SÓCRATES

Segure agora esta coroa.

STREPSIADES

Para que esta coroa? Ora, Sócrates! Não vá fazer de mim um outro Atamas[21] para me sacrificar depois!

SÓCRATES

Não tenha medo; fazemos isto com todos os iniciados.

STREPSIADES

O que é que eu vou ganhar com isso?

SÓCRATES

Você passará por um moinho de palavras e sairá dele espertíssimo, fino como a flor da farinha de trigo.

STREPSIADES

Não vá me enganar! Vocês vão me reduzir a pó, transformado em flor de farinha de trigo.

SÓCRATES

Você terá de se concentrar, meu velho, e ouvir a minha prece: "Mestre soberano, ar infinito que manténs a terra suspensa no espaço, éter brilhante, e vós, veneráveis deusas, Nuvens que transportais o trovão e o raio, vinde, aparecei, soberanas do alto dos ares, ao pensador!"

STREPSIADES

Ainda não!

Transformando o manto em capuz.

Antes quero me proteger com isto para não ficar encharcado. E eu, que saí de casa sem apanhar uma capa — coitado de mim!

SÓCRATES

"Vinde, então, Nuvens venerabilíssimas! Mostrai-vos a este homem! Quer estejais sentadas no cume sagrado do Olimpo castigado pela neve, quer estejais nos jardins do Oceano, vosso pai, formando um coro sagrado com as Ninfas, ou bebendo nas bocas do rio Nilo suas ondas em cântaros de ouro, ou ainda se estiverdes no lago Meótis[22], ou no rochedo coberto de neve do Mimas[23], escutai minha prece, recebei minha oferenda, e que os ritos sagrados vos agradem!"

Ouve-se ao longe o CORO das Nuvens, entrecortado por estrondos de trovões.

CORO

Nós, as Nuvens jamais exauridas, apareçamos, apareçamos aos olhares dos homens como vapores, em fáceis movimentos! Deixando o Oceano, nosso pai estrondoso, dirijamo-nos aos cumes arborizados das altas montanhas, para atingir depois os píncaros visíveis à distância, e a terra bem aguada, e os rios divinos de águas murmurantes e o mar com seu ronco surdo; o olho do Éter[24] brilha incansável no resplendor de seus raios. Mas dissipemos a brumosa chuva que envolve nossas formas imortais, e contemplemos a terra com o nosso olhar longevidente.

SÓCRATES

Obviamente ouvistes meu apelo, Nuvens venerabilíssimas!

Dirigindo-se a STREPSIADES.

Você percebeu a voz delas misturada aos mugidos sagrados do trovão?

STREPSIADES

Imitando no princípio o tom solene das Nuvens e de SÓCRATES.

Ouvi e vos adoro, augustas divindades, e quero responder com um estrepitoso peido aos trovões que me fazem tremer de medo. Com licença dos deuses, agora mesmo — e mesmo sem a licença deles — tenho de me aliviar!

SÓCRATES

Não fique aí gracejando, como esses malditos poetas cômicos que você conhece muito bem; seja bem-falante, pois um grupo numeroso de deusas aproxima-se cantando.

CORO

Ainda invisível aos atores.

Nós, virgens portadoras da chuva, voamos para a terra esplêndida de Palas, pátria de heróis, terra amável de Cêcrops[25], onde celebram-se ritos sagrados. Lá, para receber os iniciados, um santuário se abre em sacrossantas cerimônias, enquanto se fazem oferendas aos deuses do céu. Lá se erguem templos de altas cumeeiras cheios de estátuas; lá realizam-se sacratíssimas procissões aos deuses bem-aventurados, e com belas coroas realizam-se em todas as estações do ano sacrifícios e festas em honra das divindades; a primavera traz a festa de Brômio[26], a consagração dos coros melodiosos e o som penetrante das flautas.

STREPSIADES

Me diga, Sócrates: quem são estas mulheres que cantam estes hinos bacanas? São fantasmas?

SÓCRATES

De modo nenhum! São as Nuvens celestes, grandes deusas dos ociosos; elas nos oferecem o saber, a dialética, o entendimento, a linguagem elevada e verbosa, a arte de comover e de enganar.

STREPSIADES

É por isso, então, que depois de ouvir a voz delas minha alma levantou vôo e já tem a pretensão de ser refinada, de tagarelar sobre a fumaça, de responder a uma frase com outra frase mais certinha, de rebater um argumento! Por isso, se for possível quero ver afinal essa gente frente a frente.

SÓCRATES

Olhe então para cá, para o lado do monte Parnes; já posso vê-las descendo lentamente; são elas.

STREPSIADES

Diga onde! Mostre!

SÓCRATES

Elas avançam em grande número através dos vales e dos bosques, ali, daquele lado!

STREPSIADES

Como são elas? Não consigo ver essas deusas.

SÓCRATES

Elas já estão perto da entrada.

STREPSIADES

Até que enfim estou começando a ver algumas delas!

Aparecem as Nuvens do CORO, personificadas por mulheres vestidas com tecidos vaporosos.

SÓCRATES

Com certeza você pode vê-las agora, a não ser que tenha nos olhos pedaços de remela do tamanho de sementes de abóbora.

STREPSIADES

Sim, já estou vendo! Salve, ilustríssimas! Elas já enchem toda a cena!

SÓCRATES

Mas você não sabia que elas eram deusas e não acreditava nelas.

STREPSIADES

Não; eu pensava que elas eram uma névoa, orvalho, fumaça.

SÓCRATES

Mas você não sabe que elas sustentam um bando de sofistas, de adivinhos, médicos charlatães, cabeludos, bichas ocupadas apenas com seus anéis e suas unhas, fabricantes de versos para os coros cíclicos, mistificadores aéreos, malandros nutridos por elas para nada fazerem, apenas para cantá-las em seus versos.

STREPSIADES

É por isso, então, que eles celebram em seus poemas "o tumultuoso ímpeto das úmidas nuvens cheias de relâmpagos ofuscantes, os cabelos arrepiados de Tífon de cem cabeças, o sopro estrondoso das tempestades", e ainda "o vôo das nuvens pelos ares, pássaros de bicos curvos nadando nos ares, trombas d'água caindo do céu". E como pagamento de seus poemas eles devoram "fatias de mulas gordas e suculentas e delicadas carnes de tordos".

SÓCRATES

Graças a elas, com certeza. Não é justo?

STREPSIADES

Então me diga: por que elas, se de fato são nuvens, parecem com mulheres, simples mortais? As nuvens lá de cima não são assim.

SÓCRATES

Vejamos: como são elas?

STREPSIADES

Não sei muito bem, mas uma coisa é certa: elas parecem com grandes flocos de lã, e não com mulheres; de jeito nenhum!

SÓCRATES

Então responda às minhas perguntas.

STREPSIADES

Diga logo o que você quer saber.

SÓCRATES

Você já viu, quando olha para cima, nuvens parecidas com um centauro, com um leopardo, ou com um lobo, ou com um touro?

STREPSIADES

Já vi, sim. Que significa isso?

SÓCRATES

Elas transformam-se no que desejam; se vêem alguém com uma longa cabeleira, um desses monstros cabeludos como o filho de Xenofanto, elas tomam a forma de centauro para zombar de sua paixão mórbida por si mesmos.

STREPSIADES

E se vêem um ladrão dos dinheiros públicos — Símon, por exemplo —, que fazem elas?

SÓCRATES

Para mostrar a natureza verdadeira dele, elas se transformam imediatamente em lobos.

STREPSIADES

Então é por isso que, vendo ontem Cleônimo, elas transformaram-se no mesmo instante em veados!...

SÓCRATES

E agora que elas viram Clistenes, você poderá vê-las num instante com a forma de mulheres.

STREPSIADES

Então salve, madames! E agora, se vocês nunca fizeram isso para outro qualquer, cantem para mim por toda a vastidão do céu, rainhas do mundo!

CORO

Dirigindo-se a STREPSIADES.

Salve, coroa, homem dos tempos antigos, seguindo fervorosamente os discursos tão apreciados das Musas!

Dirigindo-se a SÓCRATES.

E você, pontífice dos palavrórios mais sutis, diga-nos o que deseja. Não prestaríamos atenção a nenhum outro dos sofistas de hoje, que vivem com a cabeça na estratosfera, excetuando apenas Pródico, por sua sabedoria e erudição, e a você, por seu andar soberbo nas ruas, por seu modo de olhar para os lados, pelos sofrimentos que suporta andando descalço, por sua confiança em nós, por sua pose imponente.

STREPSIADES

Que vozes divinas, solenes, prodigiosas!

SÓCRATES

É porque, como você está vendo, somente elas são deusas legítimas. Todas as outras são apenas frivolidade.

STREPSIADES

Mas você vai me dizer que Zeus Olímpico não é um deus?

SÓCRATES

Que Zeus? Não zombe de mim! Zeus não existe.

STREPSIADES

Que é que você está dizendo? Então, quem faz chover? Explique isto antes de mais nada.

SÓCRATES

Apontando para o CORO.

Elas, com certeza. E eu vou dar provas disto. Você já viu algum dia cair chuva sem haver nuvens no céu? Para que fossem os deuses seria necessário que chovesse com o céu sereno e sem que elas estivessem lá.

STREPSIADES

É mesmo! Aí está, sem dúvida, um bom argumento que você apresenta a respeito da questão de que estamos tratando!... E eu, que até agora acreditava bobamente que Zeus mijava através de uma peneira! Mas diga quem produz o trovão, esse trovão que me deixa borrado de medo!

SÓCRATES

São nuvens que estrondam rolando umas por cima das outras.

STREPSIADES

Como? Diga, você que é tão atrevido!

SÓCRATES

Quando elas são compelidas a mover-se cheias d'água, caindo pesadamente uma sobre as outras, rebentam estrondosamente.

STREPSIADES

Mas quem, senão Zeus, obriga as nuvens a se mexerem?

SÓCRATES

De modo nenhum; é um turbilhão etéreo que as move.

STREPSIADES

Turbilhão? Eu não sabia que Zeus não existe, e que o Turbilhão reina agora no lugar dele. Mas você não ensinou coisa alguma até agora a respeito do estrondo do trovão.

SÓCRATES

Você é surdo? Eu disse que as nuvens cheias d'água caem umas sobre as outras e provocam esse estrondo por causa de sua densidade.

STREPSIADES

Como é que eu vou acreditar nisto?

SÓCRATES

Vou lhe ensinar usando você mesmo como exemplo. Já lhe aconteceu, ou não, ficar entulhado de comida nas Panatenéias[27], e ter perturbações no ventre e ouvir de repente dentro dele um barulho prolongado?

STREPSIADES

Já ouvi, sim; fiquei perturbado e, como se fossem trovões, as comidas provocavam um barulho infernal; primeiro em surdina: papax, papax; depois mais alto: parapapax, parapapax; e quando eu me aliviei foi um trovão: mais parapapax.

SÓCRATES

Imagine, então, que com a sua simples barriguinha você solta cada petardo! E o ar aqui fora, que não tem limites, não é natural que ele troveje estrondosamente?

STREPSIADES

É por isso, então, que as palavras "peidar" e "trovejar" terminam em "...ar"? Mas, por outro lado, de onde vem o raio com seu fogo brilhante? Então me diga também por que, quando ele atinge a gente, mata alguns de nós e deixa outros vivos, embora chamuscados?

SÓCRATES

Você é mesmo um velho gagá, contemporâneo de Cronos[28], vivendo no mundo da lua! Como, se ele alveja os perjuros, ainda não fulminou Símon, Cleônimo e Teoro? Todos eles são perjuros. Mas ele atinge seu próprio templo em Súnion, promontório perto de Atenas, e os carvalhos altaneiros. Que idéia! Afinal um carvalho não é perjuro!

STREPSIADES

Não sei, mas você parece saber das coisas... Que é um raio, então?

SÓCRATES

Quando sobe um vento seco em direção às nuvens e fica confinado nelas, ele as enche de ar como se elas fossem uma bexiga soprada; em seguida ele as perfura e escapa-se violentamente mediante expansão, e se inflama por causa de sua violência estrepitosa.

STREPSIADES

Foi exatamente isso que aconteceu em certo dia de festa religiosa[29]. Eu assava as tripas de uma vítima de sacrifício para minha família. Mas eu tinha esquecido de abrir as tripas e elas cresceram, e depois, de repente, estouraram, lançando nos meus olhos o "recheio" delas e chamuscando meu rosto.

CORIFEU

Dirigindo-se a STREPSIADES.

Você, que deseja aprender de nós a alta sabedoria, será muito feliz entre os atenienses e todos os gregos se tiver boa memória, se souber meditar, se a perseverança morar em sua alma, se você não se cansar de ficar em pé nem de marchar, se souber suportar o frio sem resmungar, se puder passar sem comer na hora do almoço, se puder passar sem as academias de ginástica e outras bobagens, se aspirar ao bem supremo, como convém a um homem inteligente, e a sobressair na ação, nas assembléias e nos combates verbais.

STREPSIADES

Dirigindo-se a SÓCRATES.

Se é necessário ter a alma resistente, uma perseverança inimiga do sono, o estômago moderado, acostumado a privações, me contentando com uma salada no jantar, não tenha cuidado nem receio, pois quanto a isto posso até servir de bigorna.

SÓCRATES

Você é capaz, de agora em diante, de acreditar apenas em nossos deuses — o Caos, as Nuvens e a Língua, somente estes três e mais nenhum?

STREPSIADES

Nunca mais vou pedir nada a outros, ainda que eles apareçam na minha frente, e não vou fazer sacrifícios, nem oferecer vinho ou incenso a eles.

CORIFEU

Agora diga o que espera de nós; fale confiantemente, pois você não deixará de conseguir o que deseja se nos honrar e reverenciar e se esforçar por ser esperto.

STREPSIADES

Só peço um favorzinho a vocês, madames: me concedam somente que eu passe na frente de todos os gregos uns vinte quilômetros[30] em uma lábia esperta.

CORIFEU

Muito bem! Faremos isto. A partir de hoje ninguém imporá suas opiniões ao povo com maior facilidade que você.

STREPSIADES

Mas não me falem em apresentar propostas estrondosas. Não é isso que eu quero; meu único desejo é convencer os juízes a me favorecerem e me livrarem de meus credores.

CORIFEU

Seu desejo será satisfeito, pois suas aspirações são modestas. Vamos! Entregue-se confiantemente a nossos auxiliares!

STREPSIADES

Vou seguir os conselhos de vocês. A necessidade me obriga, por causa dos cavalos de meu filho e de meu casamento, que me arruinaram. Agora vocês podem fazer de mim o que quiserem; entrego a vocês este meu corpo para espancarem, para me deixarem faminto, morto de sede; podem me sujar, gelar, arrancar a minha pele para fazer dela um saco, desde que eu me livre de minhas dívidas e tenha na cidade a reputação de ser atrevido, bem-falante, sem-vergonha, indecente, amontoador de mentiras, dominador das palavras, vencedor de questões nos tribunais, conhecedor das leis, barulhento, esperto como uma raposa, trapalhão da cabeça aos pés, leve como a lã, escorregadio, fanfarrão, insensível aos golpes, canalha, malandro, intratável, lambedor de pratos; se todas as pessoas que me encontrarem me cumprimentarem com estes nomes, meus professores podem me tratar como quiserem, e se desejarem façam de mim um pudim para servir aos pensadores!

CORIFEU

Dirigindo-se ao CORO.

Nosso homem, a quem não falta atrevimento, tem uma vontade, um coração decidido.

Dirigindo-se a STREPSIADES.

Fique sabendo: quando você tiver aprendido tudo isso de nós, sua glória entre os mortais se elevará aos céus.

STREPSIADES

Que vai acontecer comigo?

CORIFEU

Você levará conosco a vida mais feliz de todas durante o resto de seus dias.

STREPSIADES

Será que um dia vou ver isto?

CORIFEU

De tal maneira que muitas pessoas virão sentar-se na porta de sua casa para conversar com você e levar a seu conhecimento questões e processos judiciais envolvendo muito dinheiro, dignos de sua atenção, sobre os quais irão querer trocar idéias com você.

Dirigindo-se a SÓCRATES.

Vamos! Tente iniciar o velho naquelas coisas que você quer ensinar! Sonde a inteligência dele! Ponha à prova o raciocínio dele!

SÓCRATES

Dirigindo-se a STREPSIADES.

Vejamos; mostre-nos o seu caráter para que, ciente de como ele é, eu saiba como devo disparar os meus projéteis em sua direção.

STREPSIADES

Que é isto? Você está pensando em me assaltar?

SÓCRATES

Nada disto! Quero somente lhe fazer algumas perguntinhas. Você tem boa memória?

STREPSIADES

Depende; se alguém me deve, me lembro muito bem, mas se eu devo — ai de mim! — esqueço completamente!

SÓCRATES

Você tem facilidade para aprender?

STREPSIADES

A falar bem, não, mas a enganar, tenho.

SÓCRATES

Então, como você vai aprender?

STREPSIADES

Não esquente a cabeça; vai dar tudo certo.

SÓCRATES

Quando eu lhe ensinar alguma coisa sábia sobre assuntos celestes, trate de pegá-la imediatamente.

STREPSIADES

Essa é boa! Tenho de pegar a sabedoria como se eu fosse um cachorro?

SÓCRATES

Que homem ignorante e bárbaro! Receio muito, meu velho, que você tenha necessidade de levar umas pancadas. Vejamos: que faz você quando lhe dão pancadas?

STREPSIADES

Recebo as pancadas; depois de esperar um pouco, procuro testemunhas; logo depois entro com um processo na Justiça.

SÓCRATES

Então, tire seu manto.

STREPSIADES

Fiz alguma coisa errada?

SÓCRATES

Não, mas a norma aqui é entrar nu.[31]

STREPSIADES

Mas não entrei aqui para ser examinado!

SÓCRATES

Tire! Chega de jogar conversa fora!

STREPSIADES

Tirando o manto.

Me diga o seguinte: se eu for um discípulo esperto e aplicado nos estudos, com qual de seus discípulos atuais vou me parecer?

SÓCRATES

Você não será diferente de Cairefon quanto ao físico.

STREPSIADES

Coitado de mim! Então vou me parecer com um quase-defunto?[32]

SÓCRATES

Chega de conversa mole! Venha depressa e me siga até ali!

STREPSIADES

Ponha primeiro em minhas mãos um bolo de mel[33], pois tenho medo de entrar ali, como se estivesse descendo para o antro de Trofônio.

SÓCRATES

Ande! Por que você hesita diante da porta?

Os dois entram.

CORIFEU

Vá e seja feliz por sua coragem! Boa sorte para o homem que, nesta idade já avançada, quer encharcar seu espírito de idéias novas e cultivar a sabedoria.

PARÁBASE[34]

Direi francamente a verdade a vocês, espectadores, invocando Diôniso[35], de quem sou discípulo. Queiram os deuses que eu seja o vencedor e seja considerado um bom poeta! Conhecendo o discernimento de vocês, e convencido de que esta comédia, feita por mim há algum tempo com muito cuidado, era a melhor de minhas obras, achei que devia submetê-la ao julgamento do bom gosto de vocês em outra ocasião. Entretanto, fui vencido por rivais menos capazes. Queixo-me desta injustiça de vocês, juízes esclarecidos, para os quais eu escrevo. Mas isto jamais será para mim motivo para menosprezar a opinião dos espectadores de discernimento. Com efeito, desde que, neste mesmo lugar, meu Virtuoso e meu Devasso[36] receberam uma acolhida muito favorável de juízes diante dos quais é uma ventura comparecer, fui compelido pela segunda vez a enjeitar minha criança (sendo ainda virgem na época, não me era permitido ter filhos...)[37]. Mas outra mãe a adotou e vocês generosamente a nutriram e criaram; desde aquela época eu contava cegamente com a benevolência de vocês. Hoje, então, esta comédia é encenada, como uma outra Electra[38], e procura com os olhos seus amigos antigos; ela saberá reconhecer à primeira vista os cabelos de seu irmão.[39] Observem sua modéstia e sua decência; ela é a primeira que não vem ostentando um pênis feito de couro, com a cabeça vermelha e enorme, para fazer as crianças rirem. Ela não se diverte tampouco ridicularizando os carecas, nem dançando lambada[40]; ela não recorre ao velho que, dizendo seus versos, espanca com um bastão todos que estão a seu alcance, impingindo suas brincadeiras de mau gosto. Ela não avança pela cena com uma tocha na mão gritando "iê! iê!"; ela confia apenas em si mesma, em seus versos. Quanto a mim, que sou o autor, tenho orgulho dela, e não tento enganar vocês apresentando duas ou três vezes o mesmo assunto. Invento sem cessar enredos novos, produtos de minha arte, cada um diferente do outro e todos agradáveis e alegres. Dei uma porrada na barriga de Clêon[41] frente a frente na época em que ele era onipotente, mas suspendi meus golpes quando o vi caído no chão. Meus rivais, depois que Hipérbolo[42] foi atacado, não se cansavam de tripudiar sobre o infeliz e sua mãe. Êupolis[43] apresentou pela primeira vez sua peça *Maricas*, onde imitou mediocremente meus *Cavaleiros*, acrescentando aos personagens uma velha embriagada dançando o Côrdax[44], personagem criada havia muito tempo por Frínico[45], que um monstro marinho queria devorar. Hérmipo também atacou Hipérbolo, e agora todos os outros poetas o desancam, copiando a minha comparação com as enguias. Não ria nem goste de minhas peças quem ri das peças deles. Se sou agradável na opinião de vocês e se minhas criações proporcionam prazer, o bom gosto de vocês será elogiado no futuro.

PRIMEIRO SEMICORO

Invocamos primeiro em nosso coro o soberano das alturas, o rei dos deuses, o grande Zeus, e o poderoso senhor do tridente[46] que abala a terra e agita o mar feroz, e nosso pai muito famoso, o Éter venerável que mantém a vida no universo, e o condutor de corcéis, que com seus raios cintilantes envolve a terra, grande divindade entre os deuses e os mortais. Concedam-nos sua atenção, espectadores muito esclarecidos: desprezados por vocês, nós os recriminamos por isso face a face. Mais que a todos os deuses prestamos serviços à cidade, e entre as divindades somos as únicas a quem vocês não oferecem sacrifícios nem libações, a nós, que velamos por vocês. Faz-se uma expedição militar sem o mínimo de bom senso, e logo estrondamos ou nos precipitamos em chuva fina. Depois quando o inimigo dos deuses, o curtidor de couro da Paflagônia[47], ia ser escolhido para general por vocês, levantamos as sobrancelhas e ficamos tremendamente indignadas, e entre relâmpagos estrondou o trovão. A luz se afastou de seu caminho e o sol, contraindo instantaneamente sua mecha em si mesmo, recusou-se a luzir para vocês se Clêon fosse general. Ainda assim vocês o elegeram. De fato, dizem que as más resoluções são apanágio desta cidade, mas que os deuses fazem voltar-se a favor de vocês todas as faltas desse gênero que cometem. Ainda hoje será fácil para vocês perceberem o meio de tornar proveitoso o erro cometido. Se, após haver evidenciado a culpa de Clêon, essa gaivota de corrupção e de roubo, vocês apertassem o pescoço dele numa argola de ferro em seguida, de acordo com o hábito antigo, o caso mudaria de rumo para favorecer a cidade.

SEGUNDO SEMICORO

Esteja sempre a nosso lado, senhor Febo, deus de Delos, que domina o monte Cíntio com seu pico altaneiro, você é Ártemis felicíssima, que tem em Éfeso sua morada toda de ouro, onde os filhos dos lídios a veneram magnificamente; e você, Atena, deusa de nossa terra, que empunha a égide protetora da cidade; e também aquele que, dominando a rocha Parnasiana, cintila no meio das tochas entre as Bacantes délficas, nobre figura, amigo dos cortejos alegres[48]!

Na hora em que estávamos prestes a partir para cá, a lua, vendo-nos, incumbiu-nos antes de mais nada de saudar os atenienses e seus aliados; depois ela nos disse que estava ressentida porque vocês a tratam indignamente, ela, que presta serviços a todos vocês, não em palavras, mas com a sua luminosidade. Primeiro, mensalmente ela lhes proporciona uma economia de no mínimo um dracma[49], de tal forma que vocês dizem quando saem à noite: "Não compre tochas, menino, pois o luar está uma beleza!" Ela lhes traz ainda outros benefícios, em sua própria opinião, mas vocês vêem os dias passarem sem precisão e os misturam de qualquer maneira[50]. Por isso ela diz que é ameaçada pelos deuses sempre que eles se vêem privados de oferendas gostosas e voltam para seus domínios sem terem visto as festas por causa da nova contagem dos dias. Além disso, além de fazer sacrifícios, vocês, espectadores, estão nos tribunais julgando réus e aumentando penas, e muitas vezes, enquanto nós, os deuses, fazemos jejum em sinal de luto por Mêmnon ou por Sarpedon[51], vocês fazem libações e se divertem. Eis por que, neste ano, Hipérbolo, sorteado para ser representante no Conselho Anfictiônico de cada cidade, pertencente à Anfictionia, foi em seguida despojado de sua coroa por nós, os deuses. Será melhor agora que se regule o uso dos dias de conformidade com o curso da lua[52].

SÓCRATES

Saindo de casa precipitadamente.

Não! Pela Respiração! Pelo Caos! Pelo Ar! Nunca vi um homem tão rústico, tão grosseiro, tão desajeitado, tão desmemoriado! As bobagens mais insignificantes que lhe ensinamos, ele as esquece antes de havê-las aprendido. Onde está você, Strepsiades? Saia trazendo seu mísero colchão!

STREPSIADES

Não posso trazer o colchão para cá por causa dos percevejos.

SÓCRATES

Chega! Ponha-o aí e preste atenção!

STREPSIADES

Estou prestando.

SÓCRATES

Vejamos. Que deseja você aprender primeiro entre as coisas que nunca lhe ensinaram? Fale! É dos metros ou dos ritmos da poesia, ou algo mais sobre nossa versificação?

STREPSIADES

Das medidas[53], pois um dia destes um vendedor de farinha de trigo me roubou dois canecos do produto.

SÓCRATES

Não é isso que estou perguntando, e sim qual o mais belo metro em sua opinião: o trímetro ou o tetrâmetro?

STREPSIADES

Quanto a mim, prefiro o tetracaneco.

SÓCRATES

Você não diz nada que se aproveite, homem!

STREPSIADES

Então aposte comigo que o tetrâmetro não é a mesma coisa que o tetracaneco!

SÓCRATES

Vá para o inferno! Você é um grosseiro de cabeça dura! Talvez você aprenda melhor os ritmos.

STREPSIADES

Para que servem os ritmos na luta pelo pão de cada dia?

SÓCRATES

Primeiro para ser agradável nas reuniões sociais, sabendo qual dos ritmos é o enóplio e qual o datílico.[54]

STREPSIADES

O datílico? Este eu conheço!

SÓCRATES

Mostrando o dedo indicador esticado.

Então diga; que dátilo existe além deste dedo?

STREPSIADES

Mostrando o dedo médio esticado.

Antigamente, quando eu era criança, eu usava este dedo aqui.[55]

SÓCRATES

Você é um grosseiro e um tolo!

STREPSIADES

Mas eu não quero aprender nada disto, bicho!

SÓCRATES

Então, que deseja você aprender?

STREPSIADES

Outra coisa muito diferente: o raciocínio mais injusto!

SÓCRATES

Mas há outras coisas que você tem de aprender antes. Entre os animais quadrúpedes, quais são os machos propriamente ditos?

STREPSIADES

Eu conheço os machos. Será que você me considera um ignorante? Carneiro, bode, touro, cachorro, passarinho...

SÓCRATES

Veja a que ponto você chegou! Você chama de passarinho a fêmea, como se ela fosse o macho.

STREPSIADES

Como? Vejamos...

SÓCRATES

Como? Passarinho é passarinho.

STREPSIADES

É mesmo! Mas afinal, como devo chamar a fêmea?

SÓCRATES

A fêmea de passarinho é passarinha.

STREPSIADES

Passarinha? Muito bem! Por causa desta palavrinha vou encher sua boca com uma caneca de farinha!

SÓCRATES

Veja só! Outro erro! Você diz "caneca", transformando em feminina uma palavra masculina.

STREPSIADES

Como? Eu transformo caneca em masculino?

SÓCRATES

Exatamente, como quando você diz Cleônimo.

STREPSIADES

Mas como? Explique!

SÓCRATES

Você dá o mesmo valor a caneco e Cleônimo?

STREPSIADES

Ora, meu caro amigo! Cleônimo não tinha nem caneco; ele estava sempre pegando numa coisa redonda[56], mas que nada tinha de caneco... Como é que eu vou dizer de agora em diante?

SÓCRATES

Como? Caneca, como você diz Sóstrata.

STREPSIADES

Caneca, no feminino?

SÓCRATES

É assim que se fala corretamente.

STREPSIADES

Então devo dizer: caneca, Cleônima?

SÓCRATES

Você tem de distinguir, entre os nomes próprios, quais são os masculinos e quais os femininos.

STREPSIADES

Mas eu sei quais são os femininos.

SÓCRATES

Então me diga quais são eles.

STREPSIADES

Lisila, Filina, Clitagora, Demétria...

SÓCRATES

E quais são os nomes entre os masculinos?

STREPSIADES

Milhares: Filôxeno, Melesias, Aminias...

SÓCRATES

Você é um desastrado mesmo; estes não são masculinos[57].

STREPSIADES

Estes nomes não são masculinos?

SÓCRATES

De modo algum! De fato, como você chamaria Aminias se o encontrasse?

STREPSIADES

Assim: "Venha cá, venha cá, Aminiazinha!"

SÓCRATES

Você está percebendo? É por um nome de mulher que você chama esse Aminias.

STREPSIADES

E não é justo, já que ele não fez o serviço militar? Mas por que devo aprender o que todo mundo já sabe?

SÓCRATES

Isso não dá em nada.

Mostrando um colchão.

Mas fique deitado ali...

STREPSIADES

Que devo fazer?

SÓCRATES

Imagine uma saída, refletindo sobre seus negócios.

STREPSIADES

Não! Eu peço de joelhos! Não ali, pelo menos! Mas se é necessário, me deixe meditar profundamente no próprio chão sobre isso.

SÓCRATES

É impossível fazer de outra maneira.

STREPSIADES

Como sou infeliz!

Deitando-se no colchão.

Os percevejos vão se vingar de mim agora!

SÓCRATES

Agora medite e pondere bem, agite seus pensamentos em todos os sentidos, concentrando-se. Se você ficar perplexo, passe rapidamente de uma idéia para outra em seu espírito, e afaste de seus olhos o suave sono.

STREPSIADES

Ai! Ai! Ai!

SÓCRATES

De que você está sofrendo? Que acontece com você?

STREPSIADES

Estou morrendo! Como sou infeliz! Saem do colchão aos montes para me ferrarem os... coríntios[58] e me devoram! Eles sugam a minha vida, arrancam meus bagos e se enfiam no meu traseiro! Eles vão me matar!

CORIFEU

Não fique tão desesperado!

STREPSIADES

Mas como, se meu dinheiro sumiu, se meu sangue está sumindo, se minha vida some, se minhas sandálias sumiram e se, para cúmulo de minha desgraça, estou aqui quase sumido depois de haver perdido tudo?

SÓCRATES

Afinal, o que é que você está fazendo? Meditando você não está!

STREPSIADES

Eu? Estou sim...

SÓCRATES

E sobre que você está meditando?

STREPSIADES

Se os percevejos vão deixar sobreviver alguma coisa em mim...

SÓCRATES

Afastando-se.

Você se acabará miseravelmente!

STREPSIADES

Mas tudo vai se acabar, meu bom amigo...

CORIFEU

Trate de não esmorecer; cubra-se! Temos de descobrir algum truque, alguma manobra astuciosa.

STREPSIADES

Ai! Quem vai jogar em cima de mim uma pele de cordeiro para me aliviar?

SÓCRATES

Voltando.

É isso aí. Vejamos: devo examinar primeiro o que ele faz. Ei! Você está dormindo?

STREPSIADES

Não; não estou.

SÓCRATES

Você está sentindo alguma coisa?

STREPSIADES

Não... Nadinha...

SÓCRATES

Mas nada mesmo?

STREPSIADES

Nada além do peru na mão direita.

SÓCRATES

Você vai ou não se cobrir depressa e meditar?

STREPSIADES

Sobre quê? É você quem vai me dizer, Sócrates.

SÓCRATES

Você mesmo vai descobrir primeiro e me dizer o que deseja.

STREPSIADES

Você já ouviu mil vezes o que eu quero; o meu caso são juros, um meio de não pagar juros a mais ninguém.

SÓCRATES

Vamos! Enrole-se e, cortando seu pensamento em fatias bem finas, reflita detalhada e profundamente sobre as coisas; divida-as e examine-as de acordo com as regras.

STREPSIADES

Picado ainda pelos percevejos.

Ai, infeliz de mim!

SÓCRATES

Fique tranqüilo, e se estiver perplexo com uma idéia qualquer, esqueça e vá em frente; depois, pense de novo nela, agite a coisa e pense bem nela.

STREPSIADES

Meu Socratesinho querido!

SÓCRATES

Qual é o caso, coroa?

STREPSIADES

Tenho uma idéia para me livrar dos juros!

SÓCRATES

Apresente a sua idéia.

STREPSIADES

Me diga, então...

SÓCRATES

O quê?

STREPSIADES

... se eu desse dinheiro a uma feiticeira da Tessália[59], e se ela forçasse a lua a descer aqui de noite... Se depois trancasse a lua num grande estojo redondo, como se ela fosse um espelho, e depois ficasse de guarda para ela não sair?

SÓCRATES

Que vantagem lhe traria isso?

STREPSIADES

Ora! É porque se empresta dinheiro a juros por mês.[60]

SÓCRATES

Muito bem! Mas, de minha parte, vou propor outra idéia mais engenhosa. Se movessem uma ação contra você para cobrar cinco talentos[61], como agiria você para se livrar dela?

STREPSIADES

Como? Como? Não sei; vamos procurar...

SÓCRATES

Não enrole seus pensamentos em volta deles mesmos; deixe seu espírito tomar impulso no ar, como um besouro amarrado por uma das patinhas com uma linha.

STREPSIADES

Achei um meio de me livrar do processo! Você mesmo vai concordar que ele é genial!

SÓCRATES

Qual?

STREPSIADES

Você já viu nas lojas aquelas pedras transparentes para acender o fogo?

SÓCRATES

Você está falando do cristal de rocha[62]?

STREPSIADES

É isso mesmo! Que tal a minha idéia? Pegando essa pedra, no momento em que o oficial de justiça apresentasse a intimação, e me mantendo a certa distância...

Afastando-se um pouco de SÓCRATES.

— assim! — eu conseguia que o sol destruísse a acusação contra mim[63]!

SÓCRATES

É mesmo genial!...

STREPSIADES

Oba! Estou feliz por ter achado um jeito para acabar com um processo de cinco talentos!

SÓCRATES

Vamos! Depressa! Resolva este problema para mim!

STREPSIADES

Que problema?

SÓCRATES

Como, envolvido num processo, você fugiria a uma condenação, se fosse perder a causa por falta de testemunhas a seu favor?

STREPSIADES

Nada mais fácil nem mais simples.

SÓCRATES

Então me diga.

STREPSIADES

Assim: quando restasse só um processo para ser julgado antes de o juiz me chamar para o meu, eu saía correndo para me enforcar.

SÓCRATES

Você não diz nada que se aproveite.

STREPSIADES

Como não? Quando eu estiver morto ninguém vai mover ações contra mim.

SÓCRATES

Você está pirado! Vá embora! Não lhe ensino mais coisa alguma!

STREPSIADES

Por que, meu Socratesinho?

SÓCRATES

Você esquece num instante tudo que ouve. Vejamos: qual foi a primeira coisa que lhe ensinei? Diga!

STREPSIADES

Vamos ver... Qual foi a primeira?... Qual foi mesmo a primeira?... Como se chama aquela coisa em que se amassa farinha? Coitado de mim! Qual foi?

SÓCRATES

Vá para o inferno! Morra logo! Morra, cabeça mais desmemoriada e mais estúpida de todas!

STREPSIADES

Sou um desgraçado! Que vai ser de mim? Como sou infeliz! Estou... perdido se não aprender a usar a minha língua! Vamos, Nuvens! Me dêem um bom conselho!

CORIFEU

Nosso conselho, meu velho, é que se você tiver um filho mais sabido, mande ele para aprender em seu lugar.

STREPSIADES

Tenho um filho ótimo, mas infelizmente ele não quer aprender estas coisas. Que posso fazer?

CORIFEU

E você tolera a recusa dele?

STREPSIADES

Ele é um bom rapaz, forte, cheio de saúde, e descende pelo lado materno de raça nobre. Vou mesmo buscar Fidipides, e se ele não quiser vir nada me impede de expulsar o boa-vida lá de casa!

Dirigindo-se a SÓCRATES.

Vá lá para dentro e espere por mim.

STREPSIADES entra em sua casa.

CORO

Dirigindo-se a SÓCRATES.

Você imagina os muitos benefícios que colherá agora mesmo graças a nós, somente nós entre todos os deuses? De fato, nosso homem está pronto a fazer tudo que você mandar. Enquanto o coroa está fora de si e visivelmente entusiasmado, sabendo disso você vai arrancar dele o máximo possível, e depressa, pois as coisas estão tomando por si mesmas um rumo inesperado.

Volta STREPSIADES empurrando o filho.

STREPSIADES

Não, pela Névoa, você não vai ficar na minha casa! Vá comer as colunas da casa de Megaclés[64]!

FIDIPIDES

Homem diabólico! Que aconteceu com você, meu pai? Você não está com o juízo perfeito, por Zeus Olímpico!

STREPSIADES

Vejam só! Vejam só! Zeus Olímpico! Que bobagem acreditar em Zeus na sua idade!

FIDIPIDES

Por que você está rindo assim?

STREPSIADES

Pensando que você ainda é uma criança que acredita em contos de fadas. De qualquer maneira se aproxime, pois você ainda tem muito a aprender. Vou lhe dizer umas coisas, e quando você souber será um homem de verdade. Mas tenha cuidado! Não ensine estas coisas a ninguém!

FIDIPIDES

Estou aqui para isso; qual é o caso?

STREPSIADES

Você falou em Zeus há pouco tempo.

FIDIPIDES

E daí?

STREPSIADES

Veja, então, como é bom aprender. Zeus não existe, Fidipides.

FIDIPIDES

Como?

STREPSIADES

Agora reina no céu o Turbilhão, depois de expulsar Zeus de lá.

FIDIPIDES

Essa não! Que piada!

STREPSIADES

Pois fique sabendo; agora é assim.

FIDIPIDES

Quem disse isto?

STREPSIADES

Sócrates, o Mélio[65], e Cairefon[66], que sabe medir o pulo das pulgas.

FIDIPIDES

E você está tão maluco a ponto de acreditar nestes pirados?

STREPSIADES

Contenha sua língua e não fale mal dos homens sabidos e cheios de bom senso, tão econômicos que nenhum deles manda cortar os cabelos nem esfrega óleo no corpo[67], nem vão aos banhos públicos para se lavar; você, ao contrário, como se eu já tivesse morrido, esbanja a minha fortuna. Vá aprender o mais depressa possível a maneira de me salvar da ruína!

FIDIPIDES

É possível aprender alguma coisa boa com esta gente?

STREPSIADES

Você está falando sério? Tudo que existe em matéria de sabedoria entre os homens! Você vai ficar sabendo o quanto é ignorante e grosso. Mas espere aqui um instante!

STREPSIADES torna a entrar em casa.

FIDIPIDES

Estou perdido! Que posso fazer, agora que meu pai pirou definitivamente? Será que devo levar o velho aos tribunais para ser interditado como demente, ou vou dizer aos fabricantes de caixões de defuntos que ele é um maluco moribundo?

STREPSIADES

Voltando à cena com um pássaro em cada mão.

Agora vamos ver: como você chama este pássaro aqui? Diga!

FIDIPIDES

Pássaro.

STREPSIADES

Muito bem. E este aqui?

FIDIPIDES

Pássaro.

STREPSIADES

Os dois com o mesmo nome? Você é um ignorante! Não repita isto! Chame esta aqui de pássara e o outro de pássaro.

FIDIPIDES

Pássara? Foram estas coisas engraçadas que você aprendeu entrando por instantes na casa dos filhos da Terra?

STREPSIADES

E muitas outras. Mas logo depois de aprender uma coisa eu esqueço, por causa da minha velhice.

FIDIPIDES

Foi também por isso que você esqueceu seu manto?

STREPSIADES

Eu não esqueci; dispensei o manto.

FIDIPIDES

E o que fez você de suas sandálias, débil mental?

STREPSIADES

Perdi as sandálias porque "era necessário" que eu perdesse, como disse Péricles[68]. Mas continue; vamos em frente. Erre obedecendo a seu pai! Mas também, há muito tempo, quando você tinha seis anos e não falava direito, eu fazia suas vontades. O primeiro óbolo que recebi como funcionário público[69], gastei na compra de um carrinho para você nas Diasias[70].

FIDIPIDES

Um dia você vai se arrepender do que está fazendo.

STREPSIADES

É bom ver que você me obedece.

Dirigindo-se a SÓCRATES, que estava dentro de casa.

Saia e venha para cá, Sócrates! Trouxe meu filho; consegui convencer o teimoso!

SÓCRATES

Saindo de casa.

É porque ele ainda é criança e ainda não levou nenhuma queda em nossas viagens pelos ares.

FIDIPIDES

Você mesmo teria caído, se estivesse pendurado.

STREPSIADES

Vá para o inferno! Você deseja coisas ruins a seu mestre?

SÓCRATES

Essa é boa! "Se estivesse pendurado"! Você pronuncia estas palavras como um debilóide, com os lábios escancarados. Como este rapaz poderia aprender a arte de se livrar de uma sentença, de fazer uma acusação em juízo, de adoçar a voz para se tornar persuasivo? Para aprender tudo isso Hipérbolo me pagou um talento.

STREPSIADES

Não se zangue; basta você ensinar ao rapaz. Ele é naturalmente esforçado. Quando ele ainda era pequenino já modelava casas, fazia barquinhos, construía carrinhos de couro, e fazia rãs muito bem-feitas com cascas de romãs. Trate de ensinar a ele os dois raciocínios: o justo como ele é, e o injusto que, defendendo a injustiça, derrota o justo; se não for possível os dois, ensine ao menos o injusto, e de qualquer maneira.

SÓCRATES

Ele mesmo aprenderá da própria boca dos dois raciocínios. Quanto a mim, vou me afastar.

STREPSIADES

Não se esqueça de ensinar ao rapaz o que ele precisa para arrasar tudo que é justo.

SÓCRATES torna a entrar em sua casa, de onde em seguida saem o RACIOCÍNIO JUSTO e o RACIOCÍNIO INJUSTO discutindo acaloradamente.

RACIOCÍNIO JUSTO

Dirigindo-se ao RACIOCÍNIO INJUSTO.

Avance até aqui e se apresente aos espectadores, você que é tão convencido.

RACIOCÍNIO INJUSTO

Vá para onde você quiser. Será muito mais fácil para mim derrotá-lo falando diante do público.

RACIOCÍNIO JUSTO

Derrotar? Quem é você para me derrotar?

RACIOCÍNIO INJUSTO

Um raciocínio.

RACIOCÍNIO JUSTO

Sim, o fraco.

RACIOCÍNIO INJUSTO

O fato de você pensar que é mais forte do que eu não me impede de vencê-lo.

RACIOCÍNIO JUSTO

Com que artifícios?

RACIOCÍNIO INJUSTO

Com a novidade de minhas invenções.

RACIOCÍNIO JUSTO

É verdade; a novidade agora está na moda...

Apontando para os espectadores.

... graças a estes insensatos.

RACIOCÍNIO INJUSTO

Insensatos não; sábios.

RACIOCÍNIO JUSTO

Vou ser a perdição deles.

RACIOCÍNIO INJUSTO

Fazendo o quê?

RACIOCÍNIO JUSTO

Dizendo o que é justo.

RACIOCÍNIO INJUSTO

Vou derrotá-lo contradizendo suas falas. Para começar, digo que não existe justiça.

RACIOCÍNIO JUSTO

Você diz que ela não existe?

RACIOCÍNIO INJUSTO

Então vejamos: onde ela existe?

RACIOCÍNIO JUSTO

Entre os deuses.

RACIOCÍNIO INJUSTO

Se existe justiça entre eles, por que Zeus não foi morto, ele, que acorrentou seu próprio pai?

RACIOCÍNIO JUSTO

A repugnância já faz o seu efeito; me dê uma bacia[71]!

RACIOCÍNIO INJUSTO

Você é um velho imbecil e desequilibrado!

RACIOCÍNIO JUSTO

Você é bicha e sem-vergonha!

RACIOCÍNIO INJUSTO

Você está falando de rosas!

RACIOCÍNIO JUSTO

Você é um sacrílego!

RACIOCÍNIO INJUSTO

Você me coroa de lírios!

RACIOCÍNIO JUSTO

Um parricida!

RACIOCÍNIO INJUSTO

Você me cobre de ouro sem saber.

RACIOCÍNIO JUSTO

Eu não cobriria você de ouro, e sim de chumbo!

RACIOCÍNIO INJUSTO

Para mim isto é um enfeite.

RACIOCÍNIO JUSTO

Você é muito atrevido!

RACIOCÍNIO INJUSTO

E você é um antiquado!

RACIOCÍNIO JUSTO

Por sua causa este rapaz quer freqüentar a minha escola. Um dia os atenienses vão saber o que você ensina aos pobres de espírito.

RACIOCÍNIO INJUSTO

Você vegeta vergonhosamente!

RACIOCÍNIO JUSTO

E você prospera, embora há pouco tempo pedisse esmolas, fazendo-se passar por um Télefo mísio e tirando de uma bolsa frases de Pandêleto para mascá-las[72].

RACIOCÍNIO INJUSTO

Quanta erudição...

RACIOCÍNIO JUSTO

Quanta loucura...

RACIOCÍNIO INJUSTO

... você está exibindo!

RACIOCÍNIO JUSTO

... a sua e a da cidade que o sustenta, corruptor da juventude!

RACIOCÍNIO INJUSTO

Desista de instruir este rapaz, sendo você o antiquado que é[73].

RACIOCÍNIO JUSTO

Se você quer que ele saia perdendo e passe a ser apenas um tagarela.

RACIOCÍNIO INJUSTO

Dirigindo-se a FIDIPIDES.

Venha para perto de mim e deixe o velho delirar.

RACIOCÍNIO JUSTO

Você se arrependerá se puser a mão nele.

CORIFEU

Interpondo-se entre os dois RACIOCÍNIOS para evitar que eles se agridam.

Basta de discussão e de xingações!

Dirigindo-se primeiro ao RACIOCÍNIO JUSTO e depois ao INJUSTO.

Mostre você o que ensinava aos rapazes de antigamente, e você mostre a nova educação; depois de ouvir os dois, Fidipides poderá julgar e escolher.

RACIOCÍNIO JUSTO

É exatamente o que desejo fazer.

RACIOCÍNIO INJUSTO

E eu também.

CORIFEU

Muito bem. Vejamos quem fala primeiro.

RACIOCÍNIO INJUSTO

Permito que seja ele. Depois eu acabo com ele, disparando algumas frases curtas e grossas e pensamentos novos como se fossem flechas. No fim, se ele ainda puder sussurrar uma palavra com todo o rosto e até os olhos picados como se fosse por zangões, minhas frases vão matá-lo de uma vez por todas.

CORO

Agora eles vão mostrar quem fala melhor, cheios de confiança na enorme habilidade de seus raciocínios, de seus pensamentos e de suas reflexões transformadas em sentenças. Chegou a hora de uma prova decisiva, aqui mesmo, desta sapiência em que os dois confiam para se atracarem num grande combate.

CORIFEU

Dirigindo-se ao RACIOCÍNIO JUSTO.

Vamos, então; você, que enfeita os antigos com roupagens tão bonitas, fale com sua voz agradável e diga o que a sua natureza mandar.

RACIOCÍNIO JUSTO

Então vou dizer como era a educação antiga, quando eu ganhava dinheiro ensinando a justiça e todos cultivavam a moderação. Para começar, as crianças andavam em silêncio; todos os meninos de cada bairro andavam nas ruas em perfeita ordem, a caminho da casa do professor de música, sem mantos e em grupos bem alinhados, ainda que a neve caísse como farinha de trigo de uma peneira. Lá o professor ensinava antes de tudo um hino, enquanto os meninos permaneciam com as coxas afastadas, ou então cantavam "Palas[74] destruidora de cidades", ou ainda "um grito retumbante ao longe", perpetuando a solene cadência dória de seus pais. Se um deles fazia graças ou imitava as inflexões do gênero dos cantos atualmente em moda, graças a Frínis[75], tão difíceis de entoar, era moído de pancadas por querer ridicularizar as Musas. Depois, na casa do mestre de ginástica, os meninos, sentados, tinham de cobrir as coxas, de maneira a não mostrar nada que pudesse chocar os vizinhos. Quando um deles se levantava tinha de alisar a areia e de cuidar de não deixar seus colegas verem marcas de sua virilidade. Nenhum menino esfregava-se com óleo abaixo do umbigo, e em volta dos órgãos sexuais se via uma penugem viçosa e macia como o pêlo dos pêssegos. Nenhum deles se aproximava de seu amigo favorito dando inflexões efeminadas à voz e com olhares de mormaço, como se fosse prostituir-se. Nunca podiam comer raiz forte no jantar, nem tirar dos mais idosos o aneto e o aipo, ou ser gulosos, ou rir às gargalhadas, ou cruzar as pernas.

RACIOCÍNIO INJUSTO

Velharias do tempo das Dipolias, como as cigarras, Cedidas e as Bufonias.[76]

RACIOCÍNIO JUSTO

Mas foi com essas velharias que os guerreiros de Maratona se educaram e se formaram, graças a meu sistema pedagógico. E você ensina os meninos de hoje a se enrolarem desde cedo em mantos. Fico revoltado quando, durante as Panatenéias[77], vejo meninos que, obrigados a dançar, põem seus escudos sobre os órgãos sexuais, sem o respeito devido à Atena.

Dirigindo-se a FIDIPIDES.

Sendo assim, meu jovem, escolha-me confiantemente, a mim, o Raciocínio Justo; você aprenderá a detestar a praça pública, a detestar os banhos públicos, a corar diante de tudo que é indecoroso, a zangar-se quando riem de suas boas maneiras, a levantar-se de seu assento quando os idosos se aproximam, a não ser grosseiro com os pais, a não praticar qualquer ato vergonhoso, ofensivo ao pudor que é o seu ornamento; a não correr em direção a uma dançarina para evitar que, observando tudo isso de boca aberta, receba nela uma maçã[78] jogada por alguma mulher depravada e perca a sua boa reputação; a não replicar a seu pai, invocando o antigo Jápeto[79], com alusões desrespeitosas à idade dele, pois você foi posto neste mundo por seu pai.

RACIOCÍNIO INJUSTO

Se você acreditar nele, rapazinho, ficará parecido com os filhos de Hipócrates[80] e será chamado "filhinho da mamãe".

RACIOCÍNIO JUSTO

Você passará o tempo nos ginásios atléticos, brilhante e viçoso como uma flor, em vez de declamar na praça pública bobagens grosseiras sem o menor sentido, como se faz atualmente, ou de gastar suas energias com questões armadas sobre chicanas, contestações e trapaças. Você irá até a Academia[81], onde, sob as oliveiras sagradas, você correrá coroado de juncos finos, com um amigo de sua idade, cheirando a flores, aproveitando o lazer entre as folhas do álamo branco que perde suas espiguinhas, gozando as delícias primaveris, enquanto o álamo cochicha com o olmo. Se você aceitar os meus conselhos e concentrar seu espírito neles, terá sempre o peito robusto, a pele viçosa, os ombros largos, a língua curta, as nádegas musculosas, o pênis encolhido; mas se você adotar os costumes atuais, primeiro terá a pele pálida, os ombros estreitos, o peito reentrante, as nádegas flácidas, o pênis ereto e o espírito amigo de chicanas.

Apontando para o RACIOCÍNIO INJUSTO.

Ele o levará a achar decente tudo que é vergonhoso, vergonhoso tudo que é decente e ainda por cima o emporcalhará com o vício indecoroso de Antímaco[82].

CORO

Dirigindo-se ao RACIOCÍNIO JUSTO.

Você, que pratica uma bela e sublime sabedoria glorificante, adorna suas falas com a flor suave da virtude! Como eram felizes os nossos antepassados!

Dirigindo-se ao RACIOCÍNIO INJUSTO.

Você, um artista caracterizado pela tapeação, terá de dizer alguma coisa nova, pois seu adversário foi muito apreciado.

CORIFEU

Dirigindo-se também ao RACIOCÍNIO INJUSTO.

Aparentemente você ainda tem razões poderosas para opor às dele, se pretende vencer este rival e não ser alvo de risadas.

RACIOCÍNIO INJUSTO

De fato, eu estava bufando de impaciência até as entranhas, ansioso por derrubar todos esses argumentos com palavras contrárias às dele. Eu, o Raciocínio Injusto, recebi esta qualificação entre os pensadores exatamente porque tive antes de qualquer outro a idéia de falar contra as leis e a justiça. Esta arte tem um valor maior que qualquer outra [83]; ela ensina a defender as razões mais fracas e fazê-las prevalecerem apesar de sua fragilidade.

Dirigindo-se a FIDIPIDES.

Veja como eu vou estraçalhar essa educação em que ele confia. Primeiro, ele não deixará você banhar-se em água quente — ele disse isso!

Dirigindo-se ao RACIOCÍNIO JUSTO.

Baseado em que princípio você condena os banhos quentes?

RACIOCÍNIO JUSTO

Ora! É por ser um hábito pernicioso, que enfraquece o homem.

RACIOCÍNIO INJUSTO

Pare, pois peguei você pelo pé! Você não pode escapar. Diga: entre os filhos de Zeus, qual deles, em sua opinião, possui o espírito mais combativo e trabalha mais?

RACIOCÍNIO JUSTO

Nenhum deles é superior a Heraclés[84].

RACIOCÍNIO INJUSTO

E onde você viu "banhos de Heraclés" frios?[85] E quem foi mais viril que ele?

RACIOCÍNIO JUSTO

É por isso que nossos adolescentes passam o dia todo tagarelando nas casas de banho cheias, enquanto os ginásios atléticos estão vazios!

RACIOCÍNIO INJUSTO

Em seguida você censura os rapazes por ficarem na praça pública, mas eu acho que eles estão certos. Se isto fosse um mal, Homero nunca teria feito o elogio de

Nestor e de todos os sábios freqüentadores constantes dela. Passando ao uso da boa linguagem, que em sua opinião os jovens não devem exercitar: eu afirmo o contrário. Por outro lado, a moderação, diz você, é um dever dos adolescentes. Estes seriam dois males enormes. Para quem você viu a moderação ser um bem? Fale e me contradiga.

RACIOCÍNIO JUSTO

Para muitos. Peleu, por exemplo, recebeu sua espada por causa dela.[86]

RACIOCÍNIO INJUSTO

Uma espada? Ele levou uma grande vantagem... Hipérbolo, o vendedor de lâmpadas, não ganhou um monte de dinheiro graças à sua desonestidade? Não foi só uma espada...

RACIOCÍNIO JUSTO

Sim, e se Peleu casou-se com Tétis foi por causa de sua modéstia.

RACIOCÍNIO INJUSTO

E ela foi embora e deixou o coitado na mão. Peleu não foi fogoso nem ficou indócil debaixo do cobertor durante a noite que ela passou com ele. Uma mulher gosta de ser deixada exausta. Você é um velho que só diz bobagens.

Dirigindo-se a FIDIPIDES.

Veja, rapaz, os inconvenientes da moderação, e de quantos prazeres ela nos priva, com meninos e mulheres, com jogos, com comidas gostosas, com bebidas, com boas gargalhadas. Ao contrário, de que vale sua vida se você se priva de tudo isso? Vamos adiante. Agora passo às necessidades naturais. Digamos que você teve azar, amou, cometeu um adultério e foi apanhado em flagrante delito. Você está perdido porque não sabe falar. Mas se você ficar comigo vai gozar as coisas boas da natureza — pular, rir, não considerando coisa alguma vergonhosa. Se você for surpreendido em adultério, dirá ao marido que nada fez de mal; depois diga que o culpado é Zeus. De fato, se um deus se deixa vencer pelo amor e pelas mulheres, como você, simples mortal, pode ser mais forte que um deus?

RACIOCÍNIO JUSTO

Mas como? Se um deus deixar que enfiem um nabo no traseiro do adúltero por ter levado alguém na sua conversa, e se depilarem o traseiro dele com cinza quente[87], ele terá alguma palavra a dizer para provar que não é um "traseiro frouxo"?

RACIOCÍNIO INJUSTO

E se ele for um "traseiro frouxo", que mal há nisto para ele?

RACIOCÍNIO JUSTO

Ou melhor, que lhe poderia acontecer de pior?

RACIOCÍNIO INJUSTO

E que dirá você se for vencido por mim neste ponto?

RACIOCÍNIO JUSTO

Fico calado. Que outra coisa posso fazer?

RACIOCÍNIO INJUSTO

Muito bem! Então responda: que espécie de homens são os advogados?

RACIOCÍNIO JUSTO

São homens de "traseiro frouxo".

RACIOCÍNIO INJUSTO

Acredito. E os autores de tragédias?

RACIOCÍNIO JUSTO

"Traseiros frouxos".

RACIOCÍNIO INJUSTO

Bem dito. E os políticos?

RACIOCÍNIO JUSTO

"Traseiros frouxos".

RACIOCÍNIO INJUSTO

Afinal você reconhece que não diz coisa alguma digna de aprovação? E os espectadores, que são eles em sua maioria? Olhe para eles!

RACIOCÍNIO JUSTO

Estou olhando.

RACIOCÍNIO INJUSTO

Então, que vê você?

RACIOCÍNIO JUSTO

Em sua maioria são "traseiros frouxos". Ali está um, por exemplo, que eu conheço; e aquele lá atrás; e aquele cabeludo ali.

RACIOCÍNIO INJUSTO

Que tem você a dizer agora?

RACIOCÍNIO JUSTO

Dirigindo-se aos espectadores.

Fui vencido, prostitutos!

Voltando-se para a casa de SÓCRATES.

Recebam o meu manto.[88] Passo para o lado de vocês.

O RACIOCÍNIO JUSTO volta à casa de SÓCRATES.

RACIOCÍNIO INJUSTO

Dirigindo-se a STREPSIADES que permanecera fora.

Então? Você prefere levar o seu filho de volta, ou quer que eu ensine ele a falar?

STREPSIADES

Ensine e castigue o rapaz e não se esqueça de afiar a língua dele dos dois lados: um lado para tornar ele capaz de enfrentar os pequenos processos, e o outro para as causas mais importantes.

RACIOCÍNIO INJUSTO

Fique tranqüilo; vou transformar ele num sofista espertíssimo.

FIDIPIDES

Pálido, penso eu, e miserável.

CORIFEU

Agora retirem-se.

O RACIOCÍNIO INJUSTO e FIDIPIDES entram na casa de SÓCRATES. O CORIFEU dirige-se a STREPSIADES.

Tenho a impressão de que você vai se arrepender da decisão que acaba de tomar.

STREPSIADES sai para sua casa.

CORO

Queremos dizer aos nossos juízes[89] que ganharão se tomarem o partido do coro. Para início de conversa, quando vocês quiserem iniciar o trabalho em seus campos na estação apropriada, faremos chover antes de tudo para vocês e só depois para os outros. Depois protegeremos suas colheitas e suas vinhas, para que elas não sejam prejudicadas nem pela seca e nem pelo excesso de chuva. Mas se algum de vocês nos ofender, sendo ele mortal e nós deusas, preste muita atenção aos males que suportará, vindo de nós: não produzirá nem vinho nem nada em suas terras. Quando as oliveiras e as parreiras começarem a crescer, nós as arrasaremos, atingindo-as todas com nossas tempestades. Quando o virmos fazendo tijolos, faremos chover, atingindo as telhas da cobertura da olaria com granizos redondos, até reduzi-las a pedaços. E se um dia algum deles ou algum de seus parentes ou amigos se casar, faremos chover durante a noite inteira[90], de tal maneira que talvez ele preferisse estar no Egito[91] em vez de ter sido um mau juiz aqui.

STREPSIADES

Saindo novamente de sua casa algum tempo depois.

Cinco, quatro, três, depois dois e finalmente o dia mais temido entre todos, que me deixa arrepiado, que detesto, o dia da lua velha e da lua nova.[92] Cada um daqueles a quem devo juros, depois de depositar o dinheiro das custas processuais, vai causar a minha perdição e me destruir. Embora minhas demandas judiciais sejam comedidas e justas, homem diabólico[93], me dê tempo para pagar esta outra e me dê quitação daquela. Os credores imaginam que assim jamais serão pagos; me xingam e me chamam de trambiqueiro, e me ameaçam com novos processos. Muito bem! Que me processem — pouco me importa —, desde que Fidipides tenha aprendido a falar bem. Vou saber dentro de pouco tempo, batendo a porta do Pensatório. Rapaz! Meu rapaz!

SÓCRATES

Abrindo a porta.

Salve, Strepsiades!

STREPSIADES

Também cumprimento você, mas primeiro concorde em receber os honorários de mestre. Mas diga se meu filho, o rapaz que você há pouco tempo recebeu em sua casa, aprendeu o famoso raciocínio.

SÓCRATES

Aprendeu.

STREPSIADES

Viva o trambique, rei do mundo!

SÓCRATES

Agora você será absolvido em qualquer processo quando quiser.

STREPSIADES

Ainda que houvesse uma testemunha quando tomei o dinheiro emprestado?

SÓCRATES

Melhor ainda: mesmo que houvesse mil testemunhas!

STREPSIADES

Então vou gritar e berrar: coitados de vocês, agiotas, de vocês mesmos e do dinheiro emprestado! Vocês já não vão poder me fazer mal nenhum, agora que está sendo preparado para mim neste pensatório um filho brilhante, uma língua com dois gumes afiados, uma fortaleza para me proteger, um salvador para minha casa, uma desgraça para meus inimigos, libertador do pai ameaçado por grandes males!

Dirigindo-se a SÓCRATES, que tornava a entrar em casa.

Vá correndo chamar meu filho! Quero que ele saia e venha ao meu encontro para ouvir a voz de seu pai!

SÓCRATES reaparece trazendo FIDIPIDES.

SÓCRATES

Eis aqui o grande homem!

STREPSIADES

Amigo! Meu amigão!

SÓCRATES

Você pode ir embora com ele.

SÓCRATES volta à sua casa sozinho.

STREPSIADES

Meu filho! Oba! Oba! Tenho de mostrar a minha alegria, antes de tudo por ver a sua cor. Seu jeito é o de um homem preparado para negar tudo, para contradizer tudo. No seu rosto se lê perfeitamente: "Que tem você a alegar?", e me anima esta maneira de parecer ofendido quando está ofendendo e maltratando os outros; conheço muito bem essas coisas! E nos seus olhos vejo esta maneira ática de olhar![94] Agora trate de me salvar, já que você até hoje tem sido a minha perdição.

FIDIPIDES

Você está com medo de alguma coisa; de que você tem medo?

STREPSIADES

Da lua velha e da lua nova.[95]

FIDIPIDES

E existe um dia da lua velha e lua nova?

STREPSIADES

Existe, sim; é aquele em que os credores dizem que vão fazer a consignação em juízo contra mim.[96]

FIDIPIDES

Eles perderão as consignações, pois um dia só não pode ser transformado em dois.

STREPSIADES

Isto é possível?

FIDIPIDES

De fato, como seria? Só se a mesma mulher pudesse ao mesmo tempo ser velha e moça.

STREPSIADES

Mas a lei diz isso.

FIDIPIDES

Penso que não compreendem bem o espírito da lei.

STREPSIADES

E qual é esse espírito?

FIDIPIDES

O antigo Sólon era por natureza amigo do povo.

STREPSIADES

Isto não tem nada, mas nada mesmo, a ver com lua velha e lua nova.

FIDIPIDES

Aquele legislador fixou, então, para o depósito, dois dias — a lua velha e a lua nova — para que a consignação fosse feita no dia da lua nova.

STREPSIADES

E por que ele falou na velha?

FIDIPIDES

Pobre homem!... Para que os réus, presentes na véspera, pudessem cumprir o compromisso amigavelmente, em dia, ou para que eles ficassem inquietos desde a manhã do dia da lua nova.

STREPSIADES

Como pode acontecer que não seja no dia da lua nova que os magistrados recebam as consignações, e sim no dia da lua velha e lua nova?

FIDIPIDES

Penso que acontece com eles o mesmo que se passa com os provadores públicos[97]; eles antecipam em um dia as consignações para começarem a sentir o gosto delas com um dia de antecedência.

STREPSIADES

Muito bem!

Dirigindo-se aos espectadores.

Coitados de vocês! Por que estão sentados aí com essa cara de retardados, vítimas dos sabidos como nós, parecendo pedras, ou simples números, rebanho de carneiros, ânforas amontoadas? Devo também cantar um hino triunfal em minha honra e em honra de meu filho que está aqui comemorando o seu sucesso:

Declamando.

"Sua ventura é grande, Strepsiades;
você nasceu para ser um doutor
e está criando um filho sabidíssimo!"

Dirigindo-se ao filho.

"Direi de hoje em diante a meus amigos
e a todos os meus bravos conterrâneos:
todos invejam o grande sucesso
das defesas que você faz no foro!"

Mas primeiro quero levar você para nossa casa e lhe dar um presente digno de você.

Os dois entram na casa de STREPSIADES. *Chega um* PRIMEIRO CREDOR, *acompanhado por uma testemunha.*

PRIMEIRO CREDOR

Dirigindo-se à testemunha.

Vamos! Será necessário sacrificar um homem levando-o a perder seus bens? Não! Nunca! Teria sido melhor desde o princípio, naquele dia, esquecer toda a compostura em vez de atrair aborrecimentos sobre mim, já que para reaver meu dinheiro estou arrastando você comigo como testemunha; mais do que isso, vou também transformar em inimigo um conterrâneo meu. Mas não me importa; nunca, enquanto eu viver, envergonharei a minha terra! Vou cobrar na Justiça o que Strepsiades me deve...

STREPSIADES

Quem é ele? Aquele ali!

PRIMEIRO CREDOR

... pois hoje é lua velha e lua nova.

STREPSIADES

Dirigindo-se à testemunha.

Tomo você como testemunha de que ele falou em dois dias diferentes.

Dirigindo-se ao PRIMEIRO CREDOR.

Por que você me processa?

PRIMEIRO CREDOR

Por causa do dinheiro que você me pediu emprestado para comprar um cavalo malhado.

STREPSIADES

Um cavalo?

Dirigindo-se aos espectadores.

Vocês estão ouvindo? Todos sabem que detesto montar a cavalo...

PRIMEIRO CREDOR

E você me prometeu o reembolso do dinheiro, jurando pelos deuses!

STREPSIADES

Foi porque naquela ocasião Fidipides ainda não tinha aprendido o raciocínio irrespondível para me defender.

PRIMEIRO CREDOR

E agora você pensa em negar a dívida por causa disso?

STREPSIADES

Que outro proveito eu posso tirar da sabedoria dele?

PRIMEIRO CREDOR

E você vai querer negar a dívida jurando em nome dos deuses?

STREPSIADES

Em nome dos deuses? Que deuses?

PRIMEIRO CREDOR

Zeus, Hermes, Poseidon...

STREPSIADES

Sim, e para poder jurar eu tinha de dar três óbolos[98].

PRIMEIRO CREDOR

Tomara que você morra por sua falta de vergonha!

STREPSIADES

Curtido com sal, seu couro dava para fazer um bom saco...

PRIMEIRO CREDOR

Como você zomba de mim!

STREPSIADES

O saco dava para eu levar seis litros de vinho...

PRIMEIRO CREDOR

Muito bem; por Zeus Grande e por todos os deuses, você me pagará!

STREPSIADES

Você me diverte demais com seus deuses, e Zeus, tomado como testemunha por quem sabe das coisas, é até engraçado!

PRIMEIRO CREDOR

Dentro de pouco tempo estas palavras lhe custarão caro! Mas afinal, você me entrega ou não o meu dinheiro? Responda! Quero ir embora!

STREPSIADES

Tenha paciência. Vou responder com a maior clareza dentro de muito pouco tempo...

STREPSIADES torna a entrar em casa.

PRIMEIRO CREDOR

Dirigindo-se à testemunha.

Que acha você que ele vai fazer? Será que ele vai pagar?

STREPSIADES

Voltando com um caneco na mão.

Onde está o cara que veio cobrar o dinheiro dele?

Mostrando o caneco.

Que é isto aqui na minha mão?

PRIMEIRO CREDOR

Que é isto? É um caneco.

STREPSIADES

E você quer cobrar seu dinheiro, ignorante como é? Eu não pago nem um óbolo a quem chama caneca de caneco.

PRIMEIRO CREDOR

Então você não vai me pagar a dívida?

STREPSIADES

Não, que eu saiba. Você quer fazer o favor de parar de falar e sair imediatamente de minha porta?

PRIMEIRO CREDOR

Vou embora, mas fique sabendo que prefiro morrer a não depositar a minha consignação!

O PRIMEIRO CREDOR sai com a testemunha.

STREPSIADES

Isto vai ser mais dinheiro perdido a juntar às doze minas deste credor. Estou realmente triste por causa dessa perda só porque ele confundiu o gênero dos substantivos...

Entra o SEGUNDO CREDOR.

SEGUNDO CREDOR

Coitado de mim!

STREPSIADES

Quem é aquele cara que está se lamentando? Será que está falando de algum dos deuses de Carcino[99]?

SEGUNDO CREDOR

Essa não! Quem sou eu? É isto que você quer saber? Sou um infeliz!

STREPSIADES

Então siga seu caminho sozinho.

SEGUNDO CREDOR

"Deusa cruel, sorte adversa que partiste o eixo do carro puxado por meus corcéis! Foste a causa de minha perdição, Palas!"[100]

STREPSIADES

Que mal Tlepólemo fez a ele?

SEGUNDO CREDOR

Não zombe de mim, caro amigo! Mande seu filho me pagar o dinheiro que recebeu de mim, principalmente porque estou agora na maior miséria!

STREPSIADES

Que dinheiro é esse?

SEGUNDO CREDOR

O que ele me tomou emprestado.

STREPSIADES

Pela sua cara, você deve estar mesmo muito infeliz.

SEGUNDO CREDOR

Caí do carro quando chicoteava os cavalos.

STREPSIADES

Você está exagerando, pois deve ter caído de um jumento.

SEGUNDO CREDOR

Eu exagero só porque quero meu dinheiro de volta?

STREPSIADES

Não é possível que você esteja com o juízo perfeito! Parece que recebeu uma pancada muito forte na cabeça...

SEGUNDO CREDOR

E parece que você vai ser processado por mim se não me entregar meu dinheiro!

STREPSIADES

Então me diga: você acredita que é sempre água nova que Zeus deixa cair do céu quando chove, ou é a água que o sol bombeia daqui debaixo lá para cima?

SEGUNDO CREDOR

Não sei qual é das duas, nem quero saber.

STREPSIADES

Como você se acha com o direito de reaver seu dinheiro, se nada sabe das coisas celestes?

SEGUNDO CREDOR

Vejamos... Se vocês estão em dificuldades financeiras, paguem ao menos os juros de meu dinheiro.

STREPSIADES

Juros? Que bicho é esse?

SEGUNDO CREDOR

Que pode ser, senão que a cada mês e cada dia o dinheiro cresce, cresce sem parar, enquanto o tempo passa?

STREPSIADES

Você falou bem. E daí? O mar pode estar mais cheio hoje do que antigamente?

SEGUNDO CREDOR

Não; ele continua o mesmo. Não é normal que ele cresça.

STREPSIADES

Então, miserável, o mar não cresce de jeito nenhum, apesar das águas dos rios, e você quer que seu dinheiro cresça? Siga seu caminho e vá para longe de minha casa!

Gritando para dentro de sua casa.

Tragam depressa uma barra de ferro!

SEGUNDO CREDOR

Tomo os presentes por testemunhas!

STREPSIADES

Vá embora! Que é que você espera? Vá andando, cavalo marcado a fogo!

SEGUNDO CREDOR

Isto não é uma humilhação?

STREPSIADES

Você não vai embora? Vou encher seu traseiro de buracos com uma vara de ferrão, cavalo desatrelado!

STREPSIADES entra em casa.

CORO

É nisso que dá o gosto pelas causas más. Nosso coroa, que está com este problema, quer dar um calote em quem lhe emprestou dinheiro. É impossível que não lhe aconteça alguma desgraça, pois só assim este sabichão receberá um golpe inesperado como castigo de seus trambiques. De fato, pensamos que ele vai buscar lá dentro o que lhe estava faltando: o filho astucioso para pronunciar frases contrárias à justiça, a ponto de ludibriar com discursos nojentos quem faz negócios com ele. Mas talvez ele ainda venha a desejar que seu filho tivesse nascido mudo.

STREPSIADES sai apressadamente de casa, seguido por FIDIPIDES, que o espanca.

STREPSIADES

Ai! Ai! Vizinhos, parentes, conterrâneos! Socorro! Estão me espancando! Me ajudem como puderem! Quanta infelicidade! Minha cabeça! Meu queixo!

Dirigindo-se a FIDIPIDES.

Você está dando porradas em seu pai, filho degenerado!

FIDIPIDES

Estou, meu pai.

STREPSIADES

Vocês estão ouvindo! Ele confessa que está me espancando!

FIDIPIDES

Perfeitamente.

STREPSIADES

Desalmado! Parricida! Destruidor de muralhas!

FIDIPIDES

Repita estes elogios e outros. Você sabe que tenho prazer em ouvir todos estes insultos?

STREPSIADES

Traseiro completamente sem pregas!

FIDIPIDES

Espalhe generosamente suas rosas...

STREPSIADES

Você, dando porradas em seu pai?

FIDIPIDES

E vou provar que tenho razões para espancar você.

STREPSIADES

Maior dos tarados! Como alguém pode ter razões para espancar o próprio pai?

FIDIPIDES

Vou demonstrar isso e você ficará convencido.

STREPSIADES

De que você vai me convencer?

FIDIPIDES

De tudo, e facilmente. Escolha entre os dois raciocínios o que você quer que eu use.

STREPSIADES

Que dois raciocínios?

FIDIPIDES

O justo e o injusto, velho gagá!

STREPSIADES

Então eu obriguei meu filho a aprender a contradizer a justiça para ele me convencer de que é justo e bonito que os filhos batam nos pais!

FIDIPIDES

Mas tenho certeza de que vou convencê-lo, tão bem que você mesmo, depois de me ouvir, não vai nem mesmo replicar.

STREPSIADES

É... Estou ansioso por ouvir o que você tem a dizer.

CORO

Sua obrigação, coroa, é pensar nos meios de dominar este homem; se alguma coisa não lhe inspirasse confiança, ele não seria tão atrevido. Mas aqui há qualquer coisa que lhe dá esse atrevimento. A confiança dele é evidente.

CORIFEU

Dirigindo-se a STREPSIADES.

Mas por que começou a discussão? Antes de mais nada você tem de dizer isto ao coro, de qualquer maneira!

STREPSIADES

Vou dizer a verdade a respeito do começo da xingação entre nós. A gente estava começando a almoçar, como vocês devem saber. Primeiro eu disse a ele para pegar a lira e cantar um hino de Simonides a propósito de Crio[101] e da maneira de ele se pentear. Mas ele disse logo que era uma velharia tocar lira e cantar bebendo, tanto quanto uma mulher quando mói cevada torrada.

FIDIPIDES

Eu não tinha razão para espancá-lo, para moê-lo a porradas, quando ele me disse para cantar como se eu fosse uma cigarra?

STREPSIADES

Foi isto mesmo que ele me disse lá dentro, há pouco tempo como agora; ele achava também que Simonides era um chato. Aí — a muito custo, é verdade, mas de qualquer maneira —, eu consegui me conter; depois pedi a ele para ao menos segurar um ramo de mirto e recitar para mim alguns trechos das tragédias de Ésquilo. Ele disse na mesma hora: "Na minha opinião Ésquilo é o primeiro entre os poetas trágicos, mas é barulhento, contraditório, bombástico, inventor de palavras pomposas." Vocês podem imaginar como meu coração pulou no peito. Ainda assim, engolindo minha raiva, eu disse: "Está bem; recite ao menos alguma coisa desses modernos, qualquer desses trechos bacanas que você sabe." E sem demora ele declamou uma tirada de Eurípides onde um irmão — valham-me os deuses! — estupra sua própria irmã uterina! Dessa vez, não consegui mais me conter, joguei um monte esmagador de palavras e insultos em cima dele. Depois disso, como é natural, trocamos "opiniões contraditórias"; finalmente ele pulou em cima de mim, me esmurrou, me maltratou, quase me esganou e me esmagou.

FIDIPIDES

E não era justo, no momento em que você falou mal de Eurípides, o mais sábio dos poetas?

STREPSIADES

O mais sábio, ele? Como falar de novo se você ia me espancar ainda mais?

FIDIPIDES

Sim, e isto seria justo.

STREPSIADES

Mas como isto seria justo, monstro? Eu, que criei você, que adivinhava todos os seus desejos quando você apenas balbuciava! Você dizia "a" e eu compreendia e dava água a você. Você dizia "pa" e eu lhe trazia pão. Você ainda não tinha acabado de dizer "cocô" e eu já trazia o penico para você e ficava tomando conta. E quando há pouco tempo você quis me estrangular eu gritei e urrei que estava com vontade de ir lá fora e você não se dignou de me levar para me aliviar, tarado, e quase sufocado fiz "cocô" aqui mesmo!

CORO

Cremos que o coração dos moços devia ponderar, na impaciência de saber o que vai dizer. De fato, se depois de conduta semelhante este rapaz conseguisse com seu papo furado convencer o pai, não daríamos um grão-de-bico pelo couro do velho.

CORIFEU

Dirigindo-se a FIDIPIDES.

É você, grande inventor e falador de palavras novas, que tem de encontrar algum meio de persuasão capaz de lhe dar a aparência de quem fala de maneira justa.

FIDIPIDES

Como é bom viver no meio de coisas novas e incrementadas, e desprezar as leis vigentes! Assim, quando só os cavalos me atraíam, eu não era capaz de dizer três palavras sem cometer um erro, mas agora, depois que o mestre que mora ali pôs fim a tudo isso, e que estou por dentro das idéias, raciocínios e meditações sutis, espero poder demonstrar que é justo castigar o próprio pai.

STREPSIADES

Volte, então, para seus cavalos; prefiro sustentar quatro deles a ser moído por suas pancadas.

FIDIPIDES

Retomo o que estava dizendo quando você me interrompeu. Antes de mais nada lhe pergunto: quando eu era pequeno você batia em mim?

STREPSIADES

Batia; para seu bem e porque eu me interessava por você.

FIDIPIDES

Então me diga: não é justo que eu agora dê provas de interesse por você e lhe dê porradas, já que bater nas pessoas é sinal de interesse por elas? Ora: por que seu corpo deve ficar livre de surras e o meu não ficou? Eu também nasci livre. Está certo que as crianças chorem, e na minha opinião um pai também deve chorar. Por quê? Você pode dizer que, de acordo com os nossos costumes, o papel da criança é ser tratada assim, mas eu respondo que os velhos são duplamente crianças. Chorar é mais natural nos velhos que nos moços, entre outras coisas porque as faltas dos moços são mais desculpáveis.

STREPSIADES

Mas em parte alguma a lei permite tratar o pai assim.

FIDIPIDES

Não foi um homem como você e eu que impôs essa lei, e não foi com palavras que ele convenceu os antigos? Por que não posso fazer também uma lei nova, determinando que os filhos podem bater também nos pais? Todas as porradas que recebemos antes de ser promulgada essa lei, nós consideramos quitadas; não ligamos ao fato de termos sido espancados sem vocês serem punidos. Mas veja como os galos e outros animais que você conhece retribuem as pancadas de seus pais; em que eles são diferentes de nós, senão no fato de eles não fazerem decretos?

STREPSIADES

Já que você quer imitar os galos em tudo, por que você não come bosta e não dorme no poleiro?

FIDIPIDES

Não se trata da mesma coisa, meu caro, e a opinião de Sócrates não é esta.

STREPSIADES

Então não continue a me dar porradas, senão você age contra si mesmo.

FIDIPIDES

Como?

STREPSIADES

Porque tenho o direito de castigar você, da mesma forma que você vai ter o direito de castigar seus filhos, se você tiver filhos.

FIDIPIDES

E se eu não tiver, terei chorado por nada, e você morrerá zombando de mim.

STREPSIADES

Na minha opinião de pessoa idosa, você tem razão. Acho que é preciso dar às crianças o que é bom para elas. É muito natural chorar quando se comete uma injustiça.

FIDIPIDES

Ouça agora outro argumento.

STREPSIADES

Estou perdido!

FIDIPIDES

Talvez você não esteja de fato aborrecido por ter sido tratado como acaba de ser.

STREPSIADES

Que conversa é esta? Mostre a vantagem que vou tirar disto!

FIDIPIDES

Vou espancar minha mãe como espanquei você.

STREPSIADES

Que é que você está dizendo? Este crime é pior que o outro!

FIDIPIDES

Por quê? E se com o raciocínio injusto eu confundir você provando que tenho necessidade de espancar minha mãe?

STREPSIADES

Onde você quer chegar? Depois disso, nada impede você de se lançar no precipício onde são lançados os piores criminosos[102], junto com Sócrates e o raciocínio injusto.

Após alguns momentos de silêncio STREPSIADES dirige-se ao CORO.

É por causa de vocês, Nuvens, que estou neste beco sem saída, pois me entreguei completamente às senhoras.

CORO

Você mesmo é culpado pelo que lhe acontece, porque praticou atos condenáveis.

STREPSIADES

Por que vocês não disseram tudo isso na hora própria, em vez de abusar da boa fé de um velho caipira?

CORO

Agimos desta maneira sempre que vemos numa certa pessoa a obsessão de práticas perversas, até lançá-la na desgraça, para ensinar-lhe o temor aos deuses.

STREPSIADES

Ai de mim! É ruim mas é justo, pois eu não devia deixar de pagar o dinheiro que pedi emprestado.

Dirigindo-se a FIDIPIDES.

Agora, filho, muito querido, venha comigo para acabarmos com este patife Cairefon e com Sócrates, eles, que nos enganaram, a mim e a você!

FIDIPIDES

Mas não sou tão mau a ponto de acabar com meus mestres.

STREPSIADES

Está bem, mas respeite Zeus Paternal.

FIDIPIDES

Zeus Paternal! Como você é simplório! Existe algum Zeus?

STREPSIADES

Existe, sim.

FIDIPIDES

Não e não! Quem reina é o Turbilhão, depois de expulsar Zeus do Olimpo.

STREPSIADES

Ele não expulsou Zeus, mas acredito nisto por causa deste vaso-turbilhão que você está vendo.[103]

Dirigindo-se ao vaso.

Coitado de mim, que considerava você apenas um vaso quando na verdade você é um deus!

FIDIPIDES

Fique aqui divagando e dizendo tolices a si mesmo.

FIDIPIDES retira-se.

STREPSIADES

Que maluquice! Fui um louco renegando os deuses por causa de Sócrates!

Dirigindo-se a um busto de Hermes, o deus mensageiro de Zeus, existente na rua.

Não se zangue comigo, Hermes querido, e não me esmague caindo em cima de mim. Peço perdão se me desgarrei por causa de papos furados. Me dê um conselho e me diga se devo apresentar queixa e levar esta gente à justiça, ou o que você quiser.

Fingindo escutar o deus.

Você me dá um bom conselho dizendo para eu não me meter num processo, mas em vez disso tocar fogo o mais depressa possível na casa destes trapaceiros.

Chamando um escravo.

Venha cá, Xantias! Venha e suba comigo até a cobertura do Pensatório e destrua o teto, se você estima seus donos, até ver a casa cair em cima dos gênios!

Xantias sobe à cobertura e põe o teto abaixo.

Me traga uma tocha bem acesa! Vou agir de tal maneira que hoje todos eles vão me pagar, por mais fanfarrões que sejam!

UM DISCÍPULO DE SÓCRATES

Ai! Ai!

STREPSIADES

Sua missão agora, tocha, é acender altas labaredas!

UM DISCÍPULO

Que faz você aí, homem?

STREPSIADES

Que faço? Simplesmente dialogo filosoficamente com o madeiramento da cobertura.

OUTRO DISCÍPULO

Do interior da casa.

Que desgraça! Quem está incendiando nossa casa?

STREPSIADES

Aquele coroa de quem vocês tiraram o manto.

OUTRO DISCÍPULO

Você vai nos matar! Você vai nos matar!

STREPSIADES

É isto mesmo que eu quero, a não ser que o machado me faça uma falseta ou que antes eu quebre o pescoço caindo daqui de cima!

SÓCRATES

Ei! Você aí! Que está fazendo aí em cima?

STREPSIADES

Percorro os ares e contemplo o sol.[104]

SÓCRATES

Ai! Infeliz de mim! Vou morrer miseravelmente assado!

OUTRO DISCÍPULO

E eu — pobre de mim! — vou ser consumido pelas chamas!

STREPSIADES

Por que vocês insultam os deuses e se intrometem nos assuntos da lua?

Dirigindo-se a Xantias.

Persiga esta gente! Jogue coisas neles! Pau neles, principalmente porque ofendiam os deuses!

CORO

Levem-nos para fora daqui. Nosso coro já apareceu bastante hoje.

FIM

Notas

1. Zeus é o deus maior da mitologia grega. Para as numerosas alusões mitológicas, ver o *Dicionário de mitologia grega e latina* publicado por Jorge Zahar Editor.

2. Em tempo de guerra os escravos podiam livrar-se dos maus-tratos desertando para o lado do inimigo.

3. Os meses do calendário grego antigo eram lunares.

4. A mina era uma moeda grega antiga.

5. Depois das corridas os cavalos rolavam no chão para secar o suor.

6. Esperava-se que Strepsiades dissesse "a ferroada de uma pulga".

7. Afrodite era a deusa do amor na mitologia grega (a Vênus dos latinos).

8. Cavalo em grego é *híppos*.

9. *Philonides* significa "parcimonioso" em grego.

10. Fileu: um monte situado na Ática, próximo a Atenas.

11. Poseidon era o deus do mar e dos cavalos na mitologia grega, do qual havia uma estátua nas proximidades.

12. Diôniso era o deus do vinho e dos delírios místicos (o Baco latino).

13. Cairefon era realmente amigo e discípulo de Sócrates, pálido e doentio, que vivia recluso em sua casa de dia e saía somente à noite. Daí o apelido de Morcego.

14. Leagoras era um ateniense muito rico, pai do orador Andocides e famoso por sua gula. Os faisões eram um dos pratos mais apreciados na mesa dos gregos antigos.

15. As botas feitas na Pérsia eram muito apreciadas em Atenas.

16. Tales foi um dos sete sábios da Grécia.

17. Pilos: na longa guerra entre Atenas e Esparta (a Guerra do Peloponeso) na parte final do séc. V a.C., os lacônios (habitantes da Lacônia, onde ficava a cidade de Esparta) resistiram por muito tempo cercados em Pilos; atormentados pela fome, renderam-se afinal aos soldados atenienses em estado de extrema fraqueza.

18. O Érebo era a parte mais tenebrosa do inferno; o Tártaro era sua parte mais profunda.

19. Os cidadãos atenienses recorriam à justiça por qualquer motivo e até sem motivos.

20. Péricles era o chefe do governo ateniense no início da Guerra do Peloponeso, e censurou duramente os eubeus por sua neutralidade.

21. Alusão à tragédia *Atamas*, de Sófocles, de que restam apenas fragmentos; nela o rei homônimo aparecia com uma coroa na cabeça para ser sacrificado a Zeus.

22. O atual mar de Azov.

23. Mimas era um promontório situado na Iônia.

24. O "olho do éter" é o sol.

25. Palas é um nome alternativo de Atena, deusa padroeira de Atenas. Cêcrops foi um rei lendário da cidade.

26. As Grandes Dionísias; Brômio era um dos epítetos de Diôniso, significando "fremente", "estrondoso".

27. As Panatenéias eram a festa pública mais importante de Atenas.

28. Cronos (o Tempo) era um dos deuses mais antigos da mitologia grega, filho de Urano (o Céu) e de Gaia, ou Gé (a Terra), e pai de Zeus.

29. Literalmente "nas Diasias", festa religiosa em honra de Zeus.

30. Literalmente: cem estádios. O estádio era uma medida de extensão equivalente a 180m.

31. Como na iniciação a certos mistérios nas práticas religiosas gregas.

32. Para Cairefon e sua palidez, veja-se a nota 13.

33. Os iniciados em certos mistérios entravam no recinto da celebração com um bolo de mel nas mãos.

34. Parábase é a parte da comédia em que o corifeu ou o coro todo se dirige diretamente aos espectadores em nome do autor, apostrofando-os e pedindo-lhes que lhe dê a vitória.

35. Diôniso era o deus patrono da comédia.

36. Personagens da primeira comédia escrita por Aristófanes, chamada *Detalianos*, representada pela primeira vez em 427 a.C.

37. Havia uma idade mínima para a apresentação de comédias nos concursos de Atenas.

38. Electra é a heroína da tragédia homônima de Sófocles, publicada por esta editora.

39. Alusão à cena do reconhecimento de Orestes por Electra na tragédia de Sófocles.

40. Literalmente: *Kôrdax*, dança licenciosa e engraçada.

41. Clêon foi um demagogo ateniense, tristemente famoso na época de Aristófanes.

42. Hipérbolo era outro demagogo ateniense da mesma época.

43. Êupolis: comediógrafo muito famoso, contemporâneo mais velho de Aristófanes.

44. Veja-se a nota 40.

45. Frínico: outro poeta cômico contemporâneo de Aristófanes, da mesma forma que Hêrmipo a seguir.

46. O "poderoso senhor do tridente" é Poseidon; o "condutor de corcéis", a seguir, é o sol.

47. O "curtidor da Paflagônia" é o demagogo Clêon (veja-se a nota 41).

48. A menção é a Diôniso.

49. A dracma era uma moeda ateniense de certo valor na época.

50. Alusão à reforma do calendário grego pelo astrônomo Mêton, na época da primeira apresentação desta comédia.

51. Mêmnon e Sarpêdon eram heróis de origem divina, mortos durante a guerra de Tróia.

52. Aqui termina a parábase (veja-se a nota 34).

53. Strepsiades confunde a medida do ritmo dos versos em que eram escritas as comédias (metro) com medidas de quantidade de gêneros alimentícios.

54. O enóplio era o ritmo dos cantos marciais; o datílico era um ritmo pausado, marcado pela flauta, que é tocada com a ajuda dos dedos (*dáktyloi*) em movimento.

55. Na época de Aristófanes o dedo médio esticado enquanto os outros dedos ficavam dobrados era um gesto obsceno, como ainda hoje em muitas regiões.

56. Alusão à conduta indecorosa de um certo ateniense chamado Cleônimo.

57. Filôxeno, Melesias e Aminias eram contemporâneos de Sócrates tidos como efeminados.

58. Esperava-se que Strepsiades dissesse "percevejos" em vez de "coríntios" (em grego a primeira sílaba das duas palavras é a mesma — *kóreis* e *korínthioi*).

59. As mulheres da Tessália eram famosas por seus conhecimentos de magia.

60. Ver a nota 3.

61. O "talento" era a moeda de maior valor na Grécia antiga.

62. O sol, incidindo sobre o cristal de rocha facetado, aquecia a madeira a ponto de provocar brasas que, se sopradas, passavam a produzir labaredas.

63. As acusações na justiça eram escritas em plaquetas de madeira recobertas de cera.

64. A única coisa que restava a Megaclés, tio de Fidipides, que dissipara sua fortuna, eram as colunas de sua casa.

65. Strepsiades chama Sócrates de "Mélio" por causa de Diágoras Mélio, um ateu famoso anterior a ele. Note-se que no processo de que resultou a morte de Sócrates em Atenas, esta comédia de Aristófanes reforçou as acusações de ateísmo feitas ao filósofo.

66. Cairefon era na realidade um dos discípulos de Sócrates (veja-se a nota 13).

67. Para a prática de exercícios físicos nos ginásios de Atenas os homens esfregavam óleo no corpo.

68. Quando, em sua prestação de contas como general das tropas atenienses na guerra do Peloponeso, Péricles teve de falar a respeito de uma quantia elevada usada para subornar um general espartano. Na ocasião Péricles limitou-se a dizer que havia usado o dinheiro porque "era necessário".

69. Literalmente "heliasta", o jurado nos tribunais atenienses, que recebia três óbolos pelo comparecimento a cada sessão do júri.

70. Diasias: veja-se a nota 29.

71. Um comentarista antigo das comédias de Aristófanes diz que a bacia era para o Raciocínio Justo vomitar de nojo.

72. Pandêleto era um delator tristemente famoso na época. Eurípides, que Aristófanes critica impiedosamente, escreveu uma tragédia chamada Télefo, onde este herói, coberto de andrajos, exibia todos os recursos da retórica.

73. Literalmente "o Cronos". Cronos era uma das divindades mais antigas da mitologia grega. O Raciocínio Injusto quer dizer que o Justo está completamente ultrapassado.

74. Palas era um nome alternativo de Atena, a deusa padroeira da cidade de Atenas.

75. Frínis era um músico originário de Mitilene, na Ásia Menor, na época da guerra dos gregos contra os persas.

76. As Dipolias eram uma festa religiosa antiqüíssima em honra de Zeus Polieu, protetor da cidade. Cedidas foi um antigo poeta ditirâmbico, e as Bufonias eram antigas cerimônias religiosas durante as quais se sacrificavam dois bois.

77. As Panatenéias eram a maior festa cívica de Atenas.

78. A maçã era um símbolo do amor.

79. Jápeto era um dos Titãs filhos de Urano (o Céu), da geração divina mais antiga.

80. Hipócrates, um ateniense sobrinho de Péricles, tinha três filhos tão imbecis que eram chamados de porcos.

81. A Academia era um ginásio atlético em meio a jardins, onde ensinaram Platão e seus sucessores.

82. Antímaco era um pederasta ateniense na época de Aristófanes, tristemente famoso por sua depravação.

83. Literalmente "maior que dez mil estateres"; o estater era uma moeda grega antiga de certo valor.

84. Heraclés era o maior dos heróis gregos, o Hércules dos latinos.

85. As fontes de água quente eram chamadas na Grécia antiga de "banhos de Heraclés".

86. Vítima de calúnias, Peleu foi exposto sem armas à fúria das feras; os deuses, porém, deram-lhe uma espada para defender-se, considerando sua moderação e bondade.

87. Obrigar o adúltero a sentar em cima de cinza quente era um dos castigos impostos nos casos de adultério.

88. Entregar o manto era reconhecer a derrota.

89. Os juízes das comédias nos festivais em que elas eram apresentadas.

90. Para apagar as tochas do cortejo nupcial.

91. No Egito praticamente não chove.

92. O dia do pagamento dos juros, chamado pelos gregos da época de "dia da lua velha e da lua nova".

93. O "homem diabólico" era o oficial de justiça.

94. Os habitantes da Ática, onde ficava Atenas, tinham a fama de cínicos.

95. Ver a nota 92.

96. Aquele que emprestava dinheiro, e não recebia o pagamento no dia marcado, consignava em juízo um décimo da importância emprestada, para cobrir as custas do processo.

97. Os provadores públicos eram funcionários públicos incumbidos de degustar previamente as iguarias dos banquetes oficiais.

98. O óbolo era a moeda de menor valor na Grécia antiga.

99. Carcino foi um poeta trágico ateniense no Século V a.C., que introduziu em uma de suas 160 tragédias, todas perdidas, deuses que se lamentavam como se fossem mortais.

100. Trecho tirado de uma tragédia de Xenoclés (filho de Carcino), no qual um dos personagens conta a morte do irmão, alvejado por um certo Tlepólemo.

101. Simonides foi um poeta lírico famoso, do qual nos restam numerosos fragmentos, na época da guerra entre os gregos e os persas; Crio foi um atleta famoso na mesma época.

102. Literalmente "lançar no Báratro", um precipício situado em Atenas, onde se lançavam os criminosos condenados à morte.

103. Chamava-se também de "turbilhão" um grande vaso para vinho que havia nas casas gregas na antigüidade.

104. As palavras "percorro os ares e contemplo o sol" foram ditas antes por Sócrates a Strepsiades, na primeira aparição do filósofo na peça.

Só para Mulheres[1]

Época da ação: Século V a.C.
Local: Atenas
Primeira representação: 411 a.C.

PERSONAGENS

MNESÍLOCO, sogro de Eurípides
EURÍPIDES, poeta trágico
ESCRAVO de Agaton
AGATON, poeta trágico contemporâneo de Eurípides
UMA MULHER (arauto)
CORO de mulheres celebrantes das Tesmoforias
DUAS MULHERES
CLISTENES, um efeminado
DELEGADO[2]
UM SOLDADO

Cenário

Ao fundo, a casa de AGATON *e o templo das Tesmôforas. Entra* EURÍPIDES *apressadamente, procurando alguma coisa; seu sogro, já idoso, segue-o com dificuldade.*

MNESÍLOCO

Detendo-se como se já não pudesse andar.

Ai, Zeus! Aparecerá um dia uma andorinha?[3]

À parte.

Este homem vai me matar de tanto me obrigar a correr assim de um lado para outro!

Elevando a voz.

Mas é possível, antes de eu pôr as tripas pela boca, saber para onde você quer me levar, Eurípides?

EURÍPIDES

Você não tem de entender tudo que seus olhos vão ver agora.

MNESÍLOCO

O quê? Repita: não é necessário que eu entenda?

EURÍPIDES

O que você vai ouvir agora, não.

MNESÍLOCO

E também não é necessário que eu veja?

EURÍPIDES

O que você vai ver agora, não.

MNESÍLOCO

Que recomendação você me faz! Mas você fala bem. Então você acha que eu não devo ouvir nem ver?

EURÍPIDES

É isto mesmo; são duas coisas naturalmente diferentes.

MNESÍLOCO

Não ouvir e não ver.

EURÍPIDES

São bem diferentes.

MNESÍLOCO

Como são bem diferentes?

EURÍPIDES

A diferença é a seguinte: quando o Éter separou-se do Caos no princípio e procriou em si mesmo animais dotados de movimento, para dar a visão a eles fez inicialmente um olho imitando o disco solar, e para a audição cavou um funil — os ouvidos.

MNESÍLOCO

Por causa desse funil, então, é necessário que eu não ouça nem veja? Estou maravilhado ao aprender isto também. Que coisas lindas aprendemos convivendo com os sábios!

EURÍPIDES

Você aprenderá outras coisas do mesmo gênero, saídas de minha boca.

MNESÍLOCO

É uma pena que eu não possa aprender, além dessas coisas lindas, a ser aleijado das duas pernas!

EURÍPIDES

Aproxime-se e preste atenção.

MNESÍLOCO

Estou aqui.

EURÍPIDES

Você está vendo esta portinha?

MNESÍLOCO

Estou (pelo menos penso que estou).

EURÍPIDES

Então cale-se!

MNESÍLOCO

Eu ou a portinha?

EURÍPIDES

Agora ouça.

MNESÍLOCO

Eu ouço e a portinha se cala.

EURÍPIDES

É ali que mora o famoso Agaton, o poeta trágico.

MNESÍLOCO

Como é o seu Agaton?

EURÍPIDES

Há um certo Agaton...

MNESÍLOCO

O seu Agaton é moreno e forte?

EURÍPIDES

Não; é outro.

MNESÍLOCO

Nunca vi esse outro. Será aquele que tem a barba cerrada?

EURÍPIDES

Você nunca viu o meu Agaton?

MNESÍLOCO

Nunca, com certeza, tanto quanto sei.

EURÍPIDES

Mesmo assim você já se encontrou com ele, mas talvez não saiba.

Abre-se a porta da casa de AGATON.

Vamos nos esconder, pois sai de casa um escravo dele com uma tocha acesa e ramos de mirto; parece que é para oferecer um sacrifício pelo sucesso da poesia do patrão dele.

Escondem-se ambos.

ESCRAVO

Na porta da casa, com ar solene.

Recolha-se o povo todo e se faça silêncio, pois aqui mora um coro sagrado das Musas, na casa de meu senhor, pronto para compor um hino. Que o Éter sereno contenha seus ventos, que as ondas verdes do mar não façam barulho, ...

MNESÍLOCO

Ploft!

EURÍPIDES

Em voz baixa, dirigindo-se a MNESÍLOCO.

Cale-se! Que é que você está dizendo?

ESCRAVO

... que as criaturas aladas adormeçam, que os animais selvagens não movimentem as patas, ...

MNESÍLOCO

Ploft! Pluft!

ESCRAVO

... pois Agaton, o homem dos versos lindos, nosso senhor, vai ...

MNESÍLOCO

... querer ser beijado?

ESCRAVO

Quem falou?

MNESÍLOCO

O sereno Éter.

ESCRAVO

... vai armar a estrutura, os fundamentos de um drama! Ele está arredondando novos versos; aqui ele passa alguns na máquina de polir; aqui ele elabora, martela frases, contrapõe palavras, dá forma à cera, suaviza, dá o tom ...

MNESÍLOCO

... e procura rapazes para se prostituir.

ESCRAVO

Que homem grosseiro se aproxima deste recinto?

MNESÍLOCO

Andando em direção à porta da casa.

Um homem está bem perto de vocês, você e seu poeta autor de versos lindos, pronto para introduzir no "recinto" de vocês este peru aqui, redondo e comprido, para metê-lo no funil.

ESCRAVO

Essa não! Em sua mocidade você deve ter sido um mau-caráter, coroa!

EURÍPIDES

Dirigindo-se a MNESÍLOCO.

Com todos os diabos! Deixe este homem sossegado!

Dirigindo-se ao ESCRAVO.

Você aí. Vá chamar Agaton!

Quero que ele venha de qualquer maneira!

ESCRAVO

Não é preciso me pedir. Ele mesmo não demora a sair, pois já começou a fazer versos líricos e, como estamos no inverno, não é fácil nesta estação caprichar nas estrofes sem sair de casa e se expor ao sol.

MNESÍLOCO

E eu, que vou fazer?

ESCRAVO

Espere, ele já está saindo!

EURÍPIDES

Desanimado.

Que pretende você fazer comigo hoje?

MNESÍLOCO

À parte.

Quero saber o que significa tudo isso.

Dirigindo-se a EURÍPIDES.

Que é que você está sentindo para ficar aí gemendo, aborrecido? Não me oculte nada, a mim, seu sogro.

EURÍPIDES

Estou ameaçado de uma grande desgraça!

MNESÍLOCO

De que espécie?

EURÍPIDES

O dia de hoje decidirá se Eurípides ainda está vivo ou já está morto.

MNESÍLOCO

Como? Não se esqueça de que hoje os tribunais estão fechados e não haverá sessão no Senado. Estamos no segundo dia das Tesmoforias.

EURÍPIDES

É por isso mesmo que posso ser morto. As mulheres armaram uma trama contra mim: elas vão se reunir em assembléia hoje mesmo no templo das Tesmôforas[4], para deliberar sobre a minha morte, pois querem o meu fim.

MNESÍLOCO

Essa não! E por quê?

EURÍPIDES

Porque mostro quem são elas e falo mal delas em minhas tragédias.

MNESÍLOCO

Você bem merecia. Mas que expediente você está imaginando para sair da encrenca?

EURÍPIDES

Convencer Agaton, o poeta trágico, a entrar no templo das Tesmôforas, onde só entram mulheres.

MNESÍLOCO

Para fazer o quê? Diga!

EURÍPIDES

Para se sentar entre elas e, quando for necessário, falar a meu favor.

MNESÍLOCO

"Abertamente" ou disfarçado?

EURÍPIDES

Dissimuladamente, vestido de mulher.

MNESÍLOCO

A idéia é boa e perfeitamente à sua maneira. Em matéria de esperteza o prêmio é nosso.

Abre-se completamente a porta da casa de AGATON.

EURÍPIDES

Silêncio!

MNESÍLOCO

Qual é o caso?

EURÍPIDES

Apareceu Agaton.

MNESÍLOCO

Onde está ele?

EURÍPIDES

Onde? Ali; é aquele que está sendo trazido para fora.[5]

Aparece AGATON deitado languidamente numa cama, vestindo uma túnica da cor de açafrão, cercado de objetos de toalete feminina.

MNESÍLOCO

Então estou cego, pois não vejo nenhum homem aqui; estou vendo uma prostituta[6].

Ouve-se o som de uma flauta.

EURÍPIDES

Cale a boca, Mnesíloco! Ele se prepara para cantar.

MNESÍLOCO

Que é que ele está cantarolando? "Caminhos de formiga"[7]?

AGATON

Dirigindo-se ao CORO, que acaba de entrar em cena.

Recebam, donzelas, a tocha das duas deusas subterrâneas. Executem as danças gritando, com a alma solta.

CORO

Para que divindade é esta festa? Diga o nome dela. Nosso espírito deixa-se convencer facilmente quando se trata de homenagear os deuses.

AGATON

Vamos, Musas! Invoquem Febo, o atirador do arco dourado, que construiu as muralhas da cidade na terra banhada pelo Simóis.[8]

CORO

Seja bendito com os mais belos cantos, Febo, você que oferece entre as homenagens harmoniosas o prêmio sagrado!

AGATON

E a virgem que se compraz nas montanhas onde crescem carvalhos, cante também, Ártemis caçadora!

CORO

Prosseguimos invocando a sagrada descendente de Leto, Ártemis do leito jamais violado!

AGATON

E Leto e os sons da lira asiática, cuja cadência destaca o ritmo dos pés nas danças sinuosas das Graças delicadas.

CORO

Saudamos devotamente Leto soberana e a cítara mãe dos hinos realçados por acentos mágicos. Uma luz cintilou em seus olhos divinos e atravessou repentinamente nosso olhar.

AGATON

Por estas razões glorifiquem o senhor Febo!

MNESÍLOCO

Como é suave esta melodia, soberanas Genetlíades[9], trazendo à mente a mulher e movimentos de língua e beijos lascivos! Todos os meus sentidos se abalam de prazer por causa delas! E agora, rapazinho — se você é mesmo rapazinho — quero fazer umas perguntas a você à maneira de Ésquilo na *Licurgia*[10]: "De onde você saiu, homem-mulher? Qual é a sua pátria? Que roupas são estas? Que significa esta vida escandalosa? Que poderia dizer um alaúde a um vestido cor de açafrão? Ora! Um lampião a óleo a um sutiã? Que têm em comum o espelho e a espada? Quem é você, menino? Você foi criado como se fosse homem? E onde está o seu peru? E o seu manto de homem? Onde estão suas sandálias lacônias? Ou você é uma mulher? Mas onde estão seus seios? Que diz você? Por que este silêncio? Então é com base em seu canto que eu tenho de procurar conhecê-la, já que você mesma não quer explicar?"

AGATON

Ah! Ancião! Ancião! Ouvi todas as injúrias da inveja, mas não me sinto atingido por elas. Minhas roupas combinam com meu espírito. Quando somos poetas, temos de adaptar o tom aos assuntos de que tratamos. Por exemplo, se compomos tragédias sobre as mulheres, nossa pessoa deve participar necessariamente das maneiras delas.

MNESÍLOCO

À parte.

Então você cavalga quando compõe uma *Fedra*[11]?

AGATON

Quando escrevemos peças sobre homens, temos no corpo suas qualidades fundamentais. As que não possuímos, cabe à imitação supri-las.

MNESÍLOCO

À parte.

Quando você escreve peças onde haja sátiros, basta me chamar para colaborar com você por trás, com o peru duro...

AGATON

É chocante, aliás, ver um poeta brutal e peludo. Tenha em vista que o famoso Íbico, que Anacreonte de Céos e Alceu,[12] que deram tanta graça à harmonia, usavam adornos de mulheres e levavam uma vida de efeminados à maneira dos iônios[13]. E Frínico — deste você ouviu falar — era pessoalmente lindo e usava roupas lindas. Sem dúvida, cada um compõe de acordo com sua própria natureza.

MNESÍLOCO

À parte.

É por isso que Filoclés, sendo feio, compunha coisas feias; Xenoclés, sendo mau, compunha obras más, e Teógnis, sendo frio, compunha obras frias.[14]

AGATON

Isto é inevitável. Quando percebi que é assim, passei a cuidar mais de minha pessoa.

MNESÍLOCO

Como?

EURÍPIDES

Pare de latir; eu era como sou hoje quando comecei a escrever tragédias.

MNESÍLOCO

À parte.

Não invejo a educação dele.

EURÍPIDES

Agora me deixe dizer as razões que me trazem até aqui.

AGATON

Fale!

EURÍPIDES

O homem culto, Agaton, sabe dizer muitas coisas em poucas palavras. Ameaçado por uma desgraça descomunal, venho procurá-lo como suplicante.

AGATON

Que deseja você de mim?

EURÍPIDES

As mulheres da cidade estão dispostas a me matar ainda hoje, durante as Tesmoforias, porque falo mal delas.

AGATON

Em que eu lhe poderia ser útil?

EURÍPIDES

Em tudo. Você pode me salvar se se misturar com as mulheres, sem elas perceberem, disfarçado em mulher e falando com elas a meu favor. Você é a única pessoa capaz de conversar com elas de maneira digna de mim.

AGATON

Mas por que você mesmo não se apresenta para se defender?

EURÍPIDES

Vou explicar. Primeiro, todas elas me conhecem; depois, sou careca e barbado, enquanto você tem boa aparência, é claro, barbeado, dotado de voz feminina, delicado e gracioso.

AGATON

Eurípides...

EURÍPIDES

Qual é o caso?

AGATON

... certa vez você escreveu:
"tens o maior prazer
em ver a luz do dia; crês que eu, teu pai,
sofro com a luz?"[15]

EURÍPIDES

Escrevi, sim.

AGATON

Não espere, então, que eu tenha de suportar o seu infortúnio. Só se eu fosse louco. Resolva você mesmo seus problemas, pois não devemos enfrentar desventuras com palavras, e sim com resignação.

MNESÍLOCO

À parte.

De fato, depravado, não foi com palavras que você ficou com esse traseiro frouxo, e sim com resignação!

EURÍPIDES

Por que você tem receios de ir até lá?

AGATON

Eu morreria de maneira ainda pior que você mesmo.

EURÍPIDES

Como?

AGATON

Como? Elas iriam pensar que eu estava querendo perturbar as atividades noturnas delas e os prazeres que são exclusividade das mulheres.

MNESÍLOCO

Vejam só! Perturbar! Diga que você gostaria de se prostituir! Mas esse pretexto é artificioso!

EURÍPIDES

E daí, Agaton? Que fará você?

AGATON

Nada; não conte comigo.

EURÍPIDES

Ah! Sou três vezes infeliz! Estou... perdido!

MNESÍLOCO

Eurípides querido, meu genro, não se desespere!

EURÍPIDES

Que devo fazer, então?

MNESÍLOCO

Desista de Agaton; recorra a mim e faça de mim o que quiser.

EURÍPIDES

Vejamos; já que você se põe em minhas mãos, Mnesíloco, tire o seu manto.

MNESÍLOCO

Pronto! Ele já está no chão. Que vai você fazer comigo agora?

EURÍPIDES

Apontando para a barba de MNESÍLOCO.

Faça esta barba e depile o resto do corpo!

MNESÍLOCO

Se isso lhe agrada, faço, embora eu não devesse ceder tão depressa.

EURÍPIDES

Você, Agaton, deve ter sempre uma navalha consigo;[16] me empreste por uns momentos sua navalha.

AGATON

Aqui está ela, no estojo.

EURÍPIDES

Você é muito gentil.

dirigindo-se a MNESÍLOCO.

Sente-se! Encha de ar a bochecha direita!

MNESÍLOCO

Ai!...

EURÍPIDES

Por que você está gemendo? Se você não se calar eu amordaço você!

MNESÍLOCO

Coitado de mim! Coitado de mim!

EURÍPIDES

Ei! Para onde você está correndo?

MNESÍLOCO

Para o templo das Eumênides[17]. Não vou ficar aqui para ser maltratado.

EURÍPIDES

Vão zombar de você com a metade do rosto barbeado.

MNESÍLOCO

Pouco me importa!

EURÍPIDES

Não! Em nome dos deuses não me abandone! Venha cá!

MNESÍLOCO

Voltando relutantemente.

Como sou infeliz!

EURÍPIDES

Fique aqui sem resmungar e levante a cabeça. Para que lado você se vira?

MNESÍLOCO

Cerrando os lábios para não gritar.

Hum! Hum!

EURÍPIDES

Por que você faz "hum, hum"? Está perfeito!

MNESÍLOCO

Ai! Coitado de mim! Vou me disfarçar de boneca?

EURÍPIDES

Não se preocupe; você vai ter um ar perfeitamente gracioso.

Apresentando um espelho a MNESÍLOCO.

Você quer ver?

MNESÍLOCO

Se isto lhe dá satisfação... Me dê o espelho!

EURÍPIDES

Você está se vendo?

MNESÍLOCO

Não; estou vendo Clistenes[18].

EURÍPIDES

Agora se levante para que eu possa depilar você. Fique inclinado!

MNESÍLOCO

Vou me transformar num leitão assado!

EURÍPIDES

Gritando para dentro de casa.

Tragam lá de casa uma tocha ou um lampião![19]

Dirigindo-se a MNESÍLOCO.

Incline-se! Tenha cuidado com a sua bunda!

MNESÍLOCO

Vou ter, mas você está me queimando! Ai! Que desgraça! Água! Água! Acudam vizinhos, antes que meu traseiro pegue fogo!

EURÍPIDES

Fique tranqüilo.

MNESÍLOCO

Tranqüilo, se estão pondo fogo em mim?

EURÍPIDES

Não fique alarmado assim, homem! O pior já passou.

MNESÍLOCO

Ai! Ai! Estou preto e todo chamuscado nas virilhas!

EURÍPIDES

Não se aflija; um escravo vai passar uma escova aí.

MNESÍLOCO

Cuidado, então, se ele quiser lavar o meu traseiro!

EURÍPIDES

Dirigindo-se a AGATON.

Já que você se recusa a nos ajudar, me empreste ao menos algum vestido e um sutiã para Mnesíloco usar. Você não vai dizer que não tem!

AGATON

Use estes com que eu estou e faça o que quiser com eles; isto eu não posso recusar.

AGATON tira as peças de roupa e entrega a MNESÍLOCO.

MNESÍLOCO

Devo usar mais alguma coisa?

AGATON

O quê? Tome primeiro meu vestido da cor de açafrão e experimente.

MNESÍLOCO

Apanhando o sutiã e o vestido.

Que perfume suave de pau sai desta roupa! Me ajude a vestir, depressa! Primeiro o sutiã.

EURÍPIDES

Está aqui.

MNESÍLOCO

Faça alguma coisa! Agora ajeite o vestido na altura das pernas!

EURÍPIDES

Ainda falta um véu de renda.

AGATON

É melhor esta touca que uso à noite.

EURÍPIDES

É exatamente isto que estava faltando!

MNESÍLOCO

Será que ela vai bem em mim?

EURÍPIDES

Pondo a touca na cabeça de MNESÍLOCO.

Não podia estar melhor!

Dirigindo-se a AGATON.

Passe agora uma estola.

AGATON

Apanhe uma que está aqui em cima da cama.

EURÍPIDES

Agora faltam as sandálias de mulher.

AGATON

Apanhe as minhas ali!

MNESÍLOCO

Será que elas vão ficar bem em mim? As suas "coisas" não são muito largas?

AGATON

Experimente. Você já tem tudo que é necessário. Agora me levem para dentro de casa.

A "máquina" leva AGATON *na cama para fora do palco, recuando.*

EURÍPIDES

Aqui está nosso homem transformado em mulher, ao menos na aparência. Quando você falar faça esforço para que sua voz seja de mulher, suave e persuasiva.

MNESÍLOCO

Vou tentar.

EURÍPIDES

Agora vá.

MNESÍLOCO

Ainda não, a não ser que você jure ...

EURÍPIDES

O quê?

MNESÍLOCO

... que ajuda a me salvar por todos os meios se me acontecer alguma desgraça.

EURÍPIDES

"Juro pelo Éter, pela morada de Zeus."[20]

MNESÍLOCO

Por que você não jura também pela família de Hipócrates[21]?

EURÍPIDES

Está bem! Juro por todos os deuses, sem exceção.

MNESÍLOCO

Você deve se lembrar disto: "Meu coração jurou, mas minha boca não."[22] Não quero me comprometer num juramento.

EURÍPIDES

Então se apresse ao máximo, pois o sinal da reunião das mulheres já apareceu no topo do Tesmofórion. Vou me retirar.

Saem todos. A cena muda para o interior do Tesmofórion (templo de Deméter e de Perséfone), onde já estão também as mulheres componentes do CORO.

MNESÍLOCO

Chegando vestido de mulher e esforçando-se por falar com voz feminina, como se estivesse dirigindo-se primeiro a uma escrava e depois às participantes das Tesmoforias.

Aqui, escrava! Sou eu, escrava! Quanta gente vem subindo à luz das lâmpadas acesas! Me acolham, Tesmóforas formosas, com bons augúrios, agora e quando eu regressar à minha casa! Ponha a cesta no chão, escrava, e tire dela o bolo, pois eu quero fazer com ele uma oferenda às deusas. Senhora muito venerada, querida Deméter, e você, Perséfone! Permitam que eu possa oferecer sacrifícios a vocês muitas vezes, ou ao menos passar despercebida hoje! Façam com que minha filha, dona de uma linda xoxota, encontre um marido rico e, além disso, tolo e imbecil, que só pense em afogar o peru! Onde eu devo sentar para ouvir bem os discursos? Você, escrava, vá embora; afaste-se! As escravas não podem ouvir o que se diz aqui!

MNESÍLOCO senta-se entre as mulheres.

UMA MULHER

Concentrem-se! Concentrem-se! Façam preces às duas Tesmóforas, a Pluto e a Caligênia[23], à nutriz da juventude[24], a Hermes e às Graças, para que esta assembléia e a reunião de hoje produzam os mais belos e melhores frutos e tragam muitas bênçãos para a cidade dos atenienses e felicidade para nós mesmas! Façamos votos para que aquela que, por sua onividência e por sua eloqüência, merece o melhor do povo ateniense e do povo feminino, seja a vitoriosa! Dirijam estes votos ao céu e façam votos por sua própria felicidade! Iê Paiã[25]! Iê Paiã! Alegremo-nos!

CORO

Aceitamos os augúrios e pedimos à raça dos deuses que demonstre que nossas preces são bem recebidas. Zeus do grande renome, e você, deus da lira de ouro, habitante de Delos sagrada, e também você, virgem onipotente dos olhos esverdeados, dona da lança de ouro, que mora na mais gloriosa das cidades, venham até aqui![26] E você, deusa de muitos nomes[27], matadora de feras, criança de Leto de olhos dourados, venha! E você, deus dos mares, excelso Poseidon, que reina sobre as ondas, deixe as profundezas agitadas e furiosas onde moram os peixes e venha! Vocês, filhas de Nereu marinho, e vocês, Ninfas errantes das montanhas: permitam que uma trombeta venha soar tonitruantemente, juntando-se às nossas preces! Concedam que nós, nobres atenienses, possamos realizar em perfeita ordem nossa assembléia![28]

UMA MULHER

Façam preces às deusas e aos deuses olímpicos, aos deuses e às deusas píticas, aos deuses e às deusas délias, e a todos os outros deuses e deusas! Se alguém conspirar para fazer mal ao povo feminino, ou se se mancomunar com Eurípides e os Medos[29], para prejudicar as mulheres; se alguém tiver a pretensão de ser tirano ou ajudar a trazer um tirano de volta, ou denunciar uma mulher culpada de enjeitar uma criança; se uma escrava alcoviteira de sua dona for dizer tudo ao ouvido de seu dono, ou se, incumbida de uma mensagem, fizer um relato mentiroso; se um conquistador seduzir uma mulher valendo-se de mentiras ou nunca lhe der o que lhe prometeu; se uma velha der dinheiro a um rapaz; se uma amante receber dinheiro traindo seu amante; se um dono ou uma dona de botequim nos enganar no tamanho da garrafa ou do copo de vinho; todas nós devemos desejar que tais pessoas morram miseravelmente. Quanto a todas vocês, peçam aos deuses todos os bens.

CORO

Nossos desejos são os de vocês. Que nossos votos se concretizem plenamente para toda a cidade e para todo o povo, e que as melhores coisas aconteçam a todas vocês, que merecem o prêmio de eloqüência. Mas todos aqueles que nos enganam e que descumprem seus juramentos solenes para nos fazerem mal; todos aqueles que tentam burlar os decretos e as leis; que revelam nossos segredos a nossos inimigos, ou querem que os Medos marchem contra nosso país para nosso mal, sejam considerados ímpios e culpados em relação à cidade! Ah! Zeus onipotente! Ratifique estes nossos votos! Faça com que os outros deuses nos ajudem, embora sejamos mulheres!

MULHER-ARAUTO

Ouçam todas!

Lendo.

O Conselho das Mulheres decreta o seguinte: "Sendo Timocléia a presidente, Lisila a secretária e Sóstrata a oradora, realizar-se-á uma assembléia na manhã do segundo dia das Tesmoforias — aquele em que dispomos de mais tempo — com a finalidade de deliberar antes de mais nada sobre Eurípides e a pena a ser aplicada a esse homem, pois em nossa opinião ele se comporta de maneira insultuosa em relação a nós." Alguém pede a palavra?

PRIMEIRA MULHER

Eu!

MULHER-ARAUTO

Ponha, então, esta coroa na cabeça antes de começar a falar.

CORO

Silêncio! Calem-se! Atenção, pois ela está pigarreando, como fazem os oradores. Parece que tem muitas coisas a dizer.

PRIMEIRA MULHER

Juro pelas duas deusas que nenhuma ambição me anima a me levantar para falar, mulheres; mas estou revoltada há muito tempo, pois nos vemos arrastadas na lama por Eurípides, o filho da... verdureira, e somos alvo de mil injúrias de toda espécie ditas por ele. Com efeito, que injúria esse homem não lança contra nós? Onde ele se priva de nos caluniar, desde que haja espectadores por perto, atores trágicos e coros, a nós, as conquistadoras loucas pelos homens, como ele nos chama, as beberronas de vinho, as traidoras, as tagarelas sem o mínimo valor, flagelos dos maridos? Ele chega a tal ponto que os homens, quando voltam do teatro depois de ver uma tragédia dele, nos olham de alto a baixo e começam logo a procurar para ver se não há uma armadilha escondida por perto. Já não podemos fazer nenhuma das coisas que fazíamos antes, tantas foram as maldades que esse homem ensinou a nossos maridos. Se uma mulher prepara uma coroa de flores pensa-se logo que ela está apaixonada por outro homem; se ela deixa cair alguma coisa em suas idas e vindas pela casa, o marido pergunta: "Por causa de quem você quebrou o prato? Deve ter sido por causa do hóspede vindo de Corinto!" Se uma moça adoece um irmão diz logo: "Esta palidez não me agrada nesta mocinha!" Continuemos: se uma mulher sem filhos quer adotar um, ela não pode despistar, pois atualmente os maridos se mantêm sempre por perto. Junto aos velhos que antes se casavam com mulheres jovens, ele também nos caluniou, e agora nenhum velho quer casar por causa deste verso dele: "A mulher escraviza o velho com quem se casa." Ele também é culpado por se colocarem agora nos quartos das mulheres trancas e ferrolhos para nos guardar, e também pela criação de cães ferozes, espantalhos para os amantes. Tudo isso ainda é compreensível, mas o que nós mesmas podíamos fazer antes — dirigir a casa e tirar da despensa as provisões (farinha de trigo, azeite, vinho) —, isto os maridos também já não permitem; eles agora andam com chaves de segredo de três dentes — as mais seguras — feitas na Lacônia. Antigamente podíamos ao menos abrir ocultamente nossa porta mandando fazer uma argola de três óbolos; atualmente, esse flagelo das mulheres chamado Eurípides ensinou os maridos a usar pequenos carimbos carcomidos, cuja marca não se pode imitar. Por tudo isso — ufa! — minha opinião é que devemos tramar o fim dele de qualquer maneira, seja por meio de venenos, seja por outro meio qualquer capaz de acabar com a vida dele. Eis o que tenho a dizer em altos brados; o resto redigirei com a secretária.

CORO

Nunca ouvimos mulher tão cheia de idéias quanto esta, nem mais hábil para falar. Tudo que ela diz é justo; ela examinou as coisas sob todos os aspectos, ponderou tudo em seu espírito e encontrou espertamente argumentos variados e bem imaginados, de tal maneira que em comparação com ela, se Xenoclés[30], filho de Carcino, viesse falar aqui, pareceria, em nossa opinião, estar dizendo absolutamente nada.

SEGUNDA MULHER

Quanto a mim, me apresento somente para dizer algumas palavras. As demais acusações foram expostas muito bem pela primeira oradora, mas quero dizer a vocês o que já me aconteceu pessoalmente. Meu marido morreu em Chipre e me deixou com cinco criancinhas, que eu criava com muita dificuldade trançando coroas de flores para serem oferecidas aos deuses. Até então eu ganhava bem ou mal a vida, mas atualmente esse poeta que vive à custa de tragédias convenceu os homens de que não existem deuses, e por isso meu negócio diminuiu para menos da metade. Diante disso, recomendo e digo a todas vocês que castiguem esse homem por muitas razões. De fato, seus ataques a nós, as mulheres, são grosseiros como as verduras grosseiras entre as quais ele foi criado. Mas estou indo para a ágora, pois tenho de trançar vinte coroas que os homens me encomendaram.

CORO

Outro espírito decidido nos presenteou com um discurso ainda melhor que o primeiro. Que fineza ela demonstra dizendo tantas coisas condizentes com a ocasião! Como tudo é fácil de compreender e convincente! O autor destes ultrajes tem de nos pagar de maneira retumbante!

MNESÍLOCO

Não é de admirar que as mulheres estejam p. da vida com Eurípides, pois ele disse muitas coisas desagradáveis sobre elas, fazendo esguichar a bile de vocês. Eu mesma juro pela vida de meus filhos que detesto esse homem, e se assim não fosse eu seria louca. Mas deve haver uma explicação entre nós; estamos sós aqui e nenhuma de nossas palavras vai chegar lá fora. Por que temos de acusar Eurípides assim e de ficar revoltadas só porque ele revelou dois ou três de nossos defeitos, apesar de saber que eles são muitíssimos? Assim, para falar apenas de mim e não de outras mulheres, tenho a consciência pesada, pois cometi muitas maldades, principalmente uma enorme. Eu tinha casado apenas três dias antes e meu marido dormia perto de mim. Eu namorava um rapaz que me deflorou quando eu tinha somente sete anos. Depois de meu casamento com outro, dominado pelo desejo ele veio bater devagarinho na porta de minha casa. Eu percebi no mesmo instante e desci da cama no maior silêncio. "Aonde você vai?", perguntou o marido. "Aonde? Estou com cólicas, maridinho, e sofro muito; vou ao banheiro." "Vá, então", disse ele. E começou a amassar frutinhas de cedro, anis e salva[31]. Depois de jogar água no vaso sanitário, saí e fui ao encontro de meu amante. Num instante me entreguei a ele, me apoiando no altar de Apolo e me firmando com as mãos no loureiro dedicado ao deus. Ora: Eurípides nunca disse nada parecido com isto, nem que nós fazemos amor com nossos escravos e cocheiros, quando não temos coisa melhor por perto, nem que, nos entregando à mais descarada libertinagem com qualquer homem durante a noite, de manhã cedo mastigamos alho para que o olfato de nossos maridos que voltam depois de montar guarda nas muralhas da cidade não descubram nossa conduta vergonhosa.

Dirigindo-se a uma vizinha.

Eurípides contou isto em alguma de suas tragédias? Se ele insulta Fedra, que temos nós com isso? Ele também não contou até agora o caso da mulher que mostrava ao marido seu manto novo dizendo: "Veja como ele é à luz do dia!", permitindo assim que o amante visse o sinal dela e saísse correndo apavorado. Não; até agora ele não falou nisso. Sei ainda a história de outra mulher que fingia ter dores do parto durante dez dias; até comprar um recém-nascido, enquanto o marido corria em todas as direções para comprar algum remédio destinado a apressar o parto. Uma velha trouxe numa panela tampada a criança com a boquinha cheia de favos de mel para evitar que ela chorasse. Então a mulher gritou: "Saia! Saia! Desta vez, meu marido, parece que vou ter o filho!", porque a criancinha tinha batido com o pezinho na tampa da panela. O marido correu, cheio de alegria; ela tirou os favos de mel da boca da criancinha, que começou a gritar. Depois a velha sem-vergonha que tinha trazido a criancinha correu na direção do suposto pai e disse: "Um leãozinho! Você teve um filho que é um leão, e é o seu retrato! Entre outras coisas o peruzinho dele, como o seu, parece um pepino bem pequenino!" Não são estas algumas de nossas espertezas? Elas são mesmo nossas! Devemos, então, ter raiva de Eurípides, que não diz nada além daquilo que nós fazemos mesmo?

CORO

Isto é realmente prodigioso! Onde se foi descobrir esta "coisa" que acaba de falar? Que país nutriu uma mulher tão audaciosa? Falar assim abertamente, com esta falta de vergonha! Não quero acreditar que ela tenha cometido esta ousadia aqui entre nós! Mas tudo pode acontecer de agora em diante, e aprovo o antigo provérbio: "É preciso olhar embaixo de cada pedra para não ser mordido por um... orador." [32] Nada há de pior que as mulheres atrevidas por natureza, a não ser as... outras mulheres!

PRIMEIRA MULHER

Essa não[33], mulheres! Vocês devem ter perdido o juízo, ou estão sofrendo de algum mal, para deixarem esta peste nos insultar assim!

Olhando para os espectadores.

Vamos ver se não há alguém... Já que ninguém se apresenta, nós mesmas vamos com nossos escravos procurar cinzas quentes em alguma parte e depilar a xoxota dela para que ela, sendo mulher, aprenda de hoje em diante a não falar das mulheres!

MNESÍLOCO

Não, pela xoxota de vocês, mulheres! Se, usando a franqueza com que a gente deve falar, cidadãs presentes, eu disse a favor de Eurípides o que considerava justo, vou ter de ser depilada por vocês como castigo?

PRIMEIRA MULHER

O quê? Você acha que não deve ser castigada? Você, a única mulher que teve o atrevimento de defender um homem que insultou tanto a gente, inventando com prazer histórias em que apareciam mulheres ruins, exibindo Melanipe e Fedra[34] mas nada dizendo de Penélope só porque esta última era considerada um poço de virtudes?

MNESÍLOCO

Sei muito bem a razão. Ninguém podia citar entre as mulheres de hoje uma única Penélope; elas todas são Fedras, completamente Fedras.

PRIMEIRA MULHER

Vocês estão ouvindo, mulheres, como ela nos trata, esta debochada, a todas nós reunidas aqui?

MNESÍLOCO

Eu ainda não disse tudo que sei. Vocês querem mais?

PRIMEIRA MULHER

Você não vai poder, pois já vomitou tudo que sabia!

MNESÍLOCO

Não! Ainda não disse a décima milésima parte do que nós fazemos. Só para dar um exemplo, eu ainda não disse — vejam bem! — que nós chupamos... o vinho com canudinhos sem deixar ninguém ver...,

PRIMEIRA MULHER

Quero ver você estraçalhada!

MNESÍLOCO

...e também que nas festas religiosas[35] nós dávamos as carnes melhores aos nossos amantes e dizíamos aos maridos que elas tinham sido comidas pelos gatos...

PRIMEIRA MULHER

Que bobagem! Você está dizendo mais tolices!

MNESÍLOCO

...e que outra matou o marido com uma machadinha; e também não disse que outra mulher deixou o marido pirado dando drogas a ele; nem que um dia uma mulher da Acárnia...

PRIMEIRA MULHER

Por que você não morre logo?

MNESÍLOCO

...enterrou o próprio pai debaixo da banheira...

PRIMEIRA MULHER

Quem pode suportar tanta bobagem?

MNESÍLOCO

...nem que você, quando sua escrava pariu um menino, tomou o menino dela e deu a ela sua filha pequenina!

PRIMEIRA MULHER

Você não vai dizer tudo isso sem levar uma surra! Vou arrancar seus cabelos!

MNESÍLOCO

Pois fique sabendo que você não vai tocar em mim!

PRIMEIRA MULHER

Batendo em MNESÍLOCO.

Então tome!

MNESÍLOCO

Retribuindo a pancada.

Então tome também!

PRIMEIRA MULHER

Tirando a roupa para brigar melhor e dirigindo-se à escrava.

Pegue meu vestido, Filista!

MNESÍLOCO

Bata mesmo de leve em mim e eu...

PRIMEIRA MULHER

O que é que você vai fazer?

MNESÍLOCO

...faço você cagar o bolo de gergelim que devorou escondida!

CORIFEU

Parem de trocar desaforos, pois uma mulher está vindo esbaforida em nossa direção! Calem a boca antes dela chegar aqui, para ouvirmos decentemente o que ela vem dizer.

Entra CLISTENES, um efeminado, vestido de mulher.

CLISTENES

Queridas, minhas parentes pela semelhança de nossas maneiras! Meu rosto sem barba é testemunha de minha afinidade com vocês. Sim, adoro as mulheres, protejo sempre vocês. Agora mesmo, quando fiquei sabendo de uma coisa muito grave em relação a vocês lá na praça, repetida entre tantas futilidades, vim correndo contar a vocês e alertar vocês para ficarem de olho vivo: evitem que caia nos braços de vocês, desprevenidas, uma infelicidade enorme!

CORIFEU

Que há, bichinha? (É natural que eu chame você de bichinha enquanto seu rosto não tiver barba.)

CLISTENES

Dizem que Eurípides mandou hoje para cá um parente dele disfarçado em velhota!

CORIFEU

Para fazer o quê? Com que intenção?

CLISTENES

A fim de que, presente a todas as deliberações e resoluções das mulheres, o tal parente possa ouvir os discursos de vocês.

CORIFEU

E como as mulheres não perceberam que ela é homem?

CLISTENES

Eurípides chamuscou e depilou ele, e quanto ao resto disfarçou um velhote em velhota.

MNESÍLOCO

Vocês acreditam na história dele? Que homem é tão bobo a ponto de se deixar depilar? Não acredito em nada disto, duas deusas muito veneradas!

CLISTENES

Você não sabe o que diz. Eu não ia denunciar a vocês a vinda dele se não tivesse sabido do fato por pessoas bem informadas.

CORIFEU

É muito estranho este caso que você denunciou... Vamos, mulheres! Vocês não devem ficar paradas aí, e sim descobrir esse homem, e saber onde ele está escondido, sentado entre nós.

Dirigindo-se a CLISTENES.

Você aí, venha nos ajudar a encontrar o espião, pois assim merecerá o título de nosso benfeitor e todo o nosso reconhecimento!

CLISTENES

Dirigindo-se à PRIMEIRA MULHER.

Vamos primeiro investigar você: quem é você?

MNESÍLOCO

À parte.

Para onde eu vou me mandar?

CLISTENES

Dirigindo-se a MNESÍLOCO.

Vou ter de examinar você também.

MNESÍLOCO

Azar o meu!

PRIMEIRA MULHER

Dirigindo-se a CLISTENES.

Você me perguntou quem sou eu? A mulher de Cleônimo.

CLISTENES

Dirigindo-se às outras mulheres e apontando para a PRIMEIRA MULHER.

Vocês sabem quem é esta mulher?

CORIFEU

Sabemos, sim; examine as outras.

CLISTENES

E agora esta aqui com a criancinha nos braços, quem é ela?

PRIMEIRA MULHER

É minha acompanhante.

MNESÍLOCO

À parte, tentando afastar-se.

Estou... perdido!

CLISTENES

Dirigindo-se a MNESÍLOCO.

Ei! Você aí! Para onde você está indo?

MNESÍLOCO *se contorce fingindo sofrimento.*

Qual é o seu mal?

MNESÍLOCO

Estou louca para mijar.

Dirigindo-se a CLISTENES, *que se movimenta para acompanhá-lo.*

Mas você é muito atrevido!

CLISTENES

Enfim, faça o que tem de fazer. Espero você aqui.

CORIFEU

Espere, sim, e tome conta dela. É a única que a gente não conhece.

CLISTENES

Você leva muito tempo para urinar!

MNESÍLOCO

É porque sofro de retenção de urina, meu amigo; hoje comi agrião.

CLISTENES

Por que você fala em agrião?

Querendo tirar MNESÍLOCO *de onde ele está.*

Você quer vir comigo?

MNESÍLOCO

Por que você quer me tirar daqui, se eu estou doente?

CLISTENES

Então me diga: quem é o seu marido?

MNESÍLOCO

Embaraçado.

Você pergunta por meu marido? Você conhece... É aquele do município de Cotocides...

CLISTENES

Aquele? Que aquele?

MNESÍLOCO

É um homem que uma vez, com aquele outro..., filho daquele outro...

CLISTENES

Você está querendo me enrolar. Você já esteve aqui?

MNESÍLOCO

Já; eu venho todos os anos.

CLISTENES

E quem são suas companheiras de tenda?

MNESÍLOCO

É aquela..., minha companheira...

À parte.

Estou... perdido!...

CLISTENES

Você não diz coisa nenhuma que faça sentido.

PRIMEIRA MULHER

Dirigindo-se a CLISTENES.

Pode ir embora. Eu mesma vou fazer umas perguntas a ela sobre as cerimônias do ano passado. Você é mais ou menos homem e não deve ouvir.

Dirigindo-se a MNESÍLOCO.

Você aí, me diga qual foi a primeira cerimônia realizada?

MNESÍLOCO

Como?... Qual? Ah! Foi a primeira... A gente bebeu...

PRIMEIRA MULHER

E depois, qual foi a segunda?

MNESÍLOCO

A gente bebeu à nossa saúde...

PRIMEIRA MULHER

Você ouviu isso de alguém. E a terceira?

MNESÍLOCO

Xenila pediu uma taça, porque ela não tinha penico...

PRIMEIRA MULHER

Isto não faz nenhum sentido. Volte aqui, Clistenes! Encontrei o homem de quem você falou!

CLISTENES

Voltando.

Que devo fazer com ele?

PRIMEIRA MULHER

Tire a roupa dele. Ele não diz nada que faça sentido.

MNESÍLOCO

Então você vai deixar nua uma mãe de nove filhos?

CLISTENES

Desabotoe já este sutiã, homem sem-vergonha!

PRIMEIRA MULHER

Ela tem o corpo robusto e musculoso, e não tem seios como nós.

MNESÍLOCO

É que sou estéril e nunca fiquei grávida...

PRIMEIRA MULHER

Agorinha, mas há um segundo você era mãe de nove filhos!

CLISTENES

Fique de pé! Onde você escondeu seu peru?

PRIMEIRA MULHER

Indo para trás de MNESÍLOCO.

A cabeça do peru está aqui, e tem até uma cor bonita. Descarado!

CLISTENES

Indo também para trás de MNESÍLOCO.

E onde está “ele”?

PRIMEIRA MULHER

“Ele” foi novamente para a frente.

CLISTENES

Voltando rapidamente para a frente.

“Ele” não está mais na frente!

PRIMEIRA MULHER

Ainda atrás de MNESÍLOCO.

Essa não! “Ele” voltou para cá!

CLISTENES

Que espécie de coisa você tem aí, homem? Você faz o peru ir e vir num instante![36]

PRIMEIRA MULHER

Ah! Sem-vergonha! Era você que defendia Eurípides e nos desmoralizava!

MNESÍLOCO

Sou um infeliz! Em que encrenca me meti!

PRIMEIRA MULHER

Que vamos fazer com ele agora?

CLISTENES

Fique de olho nele; tenha cuidado para ele não fugir e se livrar de nós. Vou comunicar tudo isso ao delegado[37].

Sai CLISTENES.

CORIFEU

Agora devemos acender rapidamente as luzes, tirar os mantos e ajustar as túnicas, continuar a procurar para ver se por acaso outro homem se infiltrou entre nós, percorrer toda a colina[38] e inspecionar todas as tendas e passagens. Vamos! Antes de mais nada temos de avançar com os pés ligeiros e examinar silenciosamente todos os lugares; qualquer demora é prejudicial; nesta hora não pode haver atraso; o mais importante agora é corrermos o mais depressa possível para ver quem será a primeira a fazer a ronda completa.

CORO

Coragem, então! Vamos seguir cada pista e ver se outro homem está escondido nestes lugares. Temos de olhar para todos os lados, para cá e para lá, e examinar tudo, cumprindo nosso dever.

Marchando para a busca.

De fato, se sem sabermos ele cometeu um sacrilégio, outros terão nele um exemplo de conduta injusta e ímpia. Ele terá de dizer publicamente que os deuses existem, e ensinará desde agora todos os homens a reverenciarem as divindades, a praticarem atos piedosos de conformidade com as leis, e a cuidarem de fazer o bem. Se eles agirem de maneira diferente, eis o que lhes acontecerá: quem for apanhado negando-se a agir devotamente, alucinado pelo furor e transtornado pela raiva, será acusado de todos os crimes por homens e mulheres, numa prova evidente de que atos contrários às leis e à devoção vão ser castigados imediatamente pelos deuses!

CORIFEU

Parece que já examinamos todos os lugares, ou quase todos, como devíamos, e não descobrimos outro homem disfarçado por aqui.

MNESÍLOCO *arranca uma criancinha dos braços da mãe.*

PRIMEIRA MULHER

Ei! Você aí! Para onde está correndo? Segurem este homem! Como sou infeliz! Ele está correndo depois de arrancar meu filho de meu colo!

MNESÍLOCO

Empunhando um cutelo.

Grite tanto quanto quiser! Nunca mais você vai dar papinha ao seu filhinho se as outras mulheres não me deixarem livre! Aqui mesmo, por cima destas vítimas de sacrifícios, o sangue de seu filho atingido por um cutelo vai inundar o altar!

PRIMEIRA MULHER

Como sou infeliz! Socorro, mulheres! Gritem bem alto! Façam com que eu ganhe esta briga! Não deixem que me roubem meu único filho!

CORIFEU

Veneráveis Parcas[39]! Que novo atentado se consuma diante de meus olhos? Tudo é audácia e falta de vergonha! Que ato ele está praticando! Que ato, amigas! Vejam!

MNESÍLOCO

Agora eu tenho um meio de me livrar da insolência excessiva de vocês!

CORIFEU

Isto não é uma monstruosidade, e pior ainda que monstruosidade?

PRIMEIRA MULHER

Uma monstruosidade, sim, que ele tenha roubado meu filhinho!

CORO

Que poderemos dizer disto, se ele nem cora diante de seu procedimento?

MNESÍLOCO

E ainda não acabei de falar.

CORO

Em todo o caso você, de volta aos lugares de onde saiu e tendo oportunidades de fugir facilmente, não vai poder dizer que, depois de um ato como este, conseguiu sair desta apertura. Você receberá o castigo merecido!

MNESÍLOCO

Longe de mim este mau agouro!

CORO

Mas qual dos deuses imortais pode proteger você e apoiar seus atos injustos?

MNESÍLOCO

Não adianta vocês esbravejarem; não solto esta criancinha!

CORO

Mas, pelas duas deusas, talvez dentro de pouco tempo você não tenha motivos para se alegrar por nos insultar e dizer palavras ofensivas. Diante de seus atos sacrílegos vamos tratá-lo, como é natural, à altura de seu comportamento. A boa sorte transforma-se rapidamente em má, e passa a reinar de maneira diferente.

CORIFEU

Dirigindo-se a uma das mulheres do coro.

Ajam! Levem estas mulheres com vocês e vão buscar lenha para assar este monstro e consumi-lo rapidamente no fogo!

Saem algumas mulheres.

PRIMEIRA MULHER

Dirigindo-se à sua escrava.

Vamos buscar um feixe de lenha!

Dirigindo-se a MNESÍLOCO.

Hoje vou transformar você em churrasco!

MNESÍLOCO

Acenda! Queime!

Dirigindo-se à criancinha.

Você, tire depressa sua roupinha e acuse como culpada de sua morte, criancinha, uma única mulher: sua mãe!

MNESÍLOCO tira a roupa da suposta criança, e fala à parte.

Que é isso? A criancinha se transformou num garrafão cheio de vinho! Mulheres fogosas, alcoólatras desenfreadas que se esforçam por transformar tudo em vinho, vocês, alegria dos donos de botecos e flagelo dos homens, dos utensílios e dos móveis da casa!

As mulheres voltam com lenha.

PRIMEIRA MULHER

Ponham aí a lenha!

MNESÍLOCO

Ponham mais!

Dirigindo-se à PRIMEIRA MULHER.

Mas você aí, responda: foi isso aqui que você pariu?

PRIMEIRA MULHER

Eu carreguei a criancinha na barriga durante nove meses!

MNESÍLOCO

Você carregou isto?

PRIMEIRA MULHER

Carreguei, sim. Juro pelos deuses.

MNESÍLOCO

Mostrando o garrafão.

De três litros? Ou quantos? Diga!

PRIMEIRA MULHER

Que é que você está fazendo, miserável? Você descobriu indecorosamente o meu filhinho tão pequenino!

MNESÍLOCO

Tão pequenino? Pequeno! Quantos litros ele tem? Três ou quatro?

PRIMEIRA MULHER

Mais ou menos, juntando a isto o tempo passado desde as Dionísias[40]. Me dê a criança!

MNESÍLOCO

Apontando para uma estátua de Apolo.

Não, por Apolo, que está ali!

PRIMEIRA MULHER

Muito bem! Então vamos queimar você!

MNESÍLOCO

Perfeitamente! Queimem, mas esta aqui será degolada agora mesmo!

PRIMEIRA MULHER

Não! Eu lhe suplico! Faça de mim o que quiser, mas ela terá de ser salva!

MNESÍLOCO

Você é uma mãe naturalmente boa, mas nem por isso ela deixará de ser morta.

MNESÍLOCO dá uma pancada no garrafão.

PRIMEIRA MULHER

Ah! Meu filho!

Dirigindo-se à escrava.

Me dê o vaso sagrado para que ao menos eu recolha aqui o sangue de meu filhinho!

MNESÍLOCO

Ponha o vaso aqui embaixo; quero lhe fazer este único favor.

MNESÍLOCO deixa o vinho cair no vaso.

PRIMEIRA MULHER

Quero que você morra miseravelmente, pois você é invejoso e malvado!

MNESÍLOCO

Mostrando o manto que envolvia o garrafão.

Este manto pertence à sacerdotisa.

SEGUNDA MULHER

Que é que pertence à sacerdotisa?

MNESÍLOCO jogando o manto que envolvia o garrafão.

Isto aqui. Segure.

SEGUNDA MULHER

Dirigindo-se à PRIMEIRA MULHER.

Amiga muito infeliz! Quem fez isso com você? Quem tirou de seu colo seu filho querido?

PRIMEIRA MULHER

Esse bandido aí! Mas já que você está aqui, tome conta dele para que eu possa ir com Clistenes contar ao delegado o que ele fez.

Sai a PRIMEIRA MULHER.

MNESÍLOCO

Vamos ver que milagre posso fazer para me salvar. Que saída posso imaginar? O causador de tudo isto me meteu nesta encrenca e não aparece. Que mensageiro eu poderia despachar para ir buscar Eurípides?

Depois de alguns instantes de silêncio.

Já sei! Me lembrei de uma jogada que vi no *Palamedes*[41]; como o antigo Palamedes, vou escrever minha mensagem na parte chata dos remos e depois jogo todos no mar! Mas não há remos nem mar aqui... Onde posso conseguir uns remos neste lugar? Onde? Onde? E se eu apanhasse em vez de remos alguns quadros votivos, destes que existem por aqui? E se eu escrevesse nas costas deles e jogasse eles para todos os lados? Vai ser muito bom! Eles também são de madeira, como os remos. Ah! Minhas mãos! Tenho de tentar uma saída para esta dificuldade!

MNESÍLOCO escreve nas costas dos quadros com imagens de deuses que apanhou.

Vamos, tabuinhas! Recebam as letras mensageiras de minhas agruras! Ai! Este "r" está me dando muito trabalho! Está bem! Está bem! Mas por onde eles podem ir até onde está Eurípides?

Jogando os quadros em todas as direções.

Vão bem depressa por todos os caminhos, por aqui, por ali! Vocês têm de ir depressa!

Enviada a mensagem, MNESÍLOCO senta-se no chão à espera de EURÍPIDES.

PARÁBASE[42]

Agora vamos fazer nosso próprio elogio na parábase. Sem dúvida há quem fale mal da raça feminina. Dizem que somos um flagelo para os homens, que todos os males vêm de nós — os confrontos, as querelas, a terrível discórdia, os desgostos, a guerra. Mas vejamos: se somos realmente um flagelo, por que...

Apontando para os espectadores.

...vocês se casam conosco e não nos deixam sair, e nos proíbem de ficar na janela com a cabeça pendurada para fora, e se empenham tanto em querer as pestes junto a vocês? Se a mulherzinha de vocês vai a qualquer parte, se vocês notam que ela está na rua, enlouquecem de furor em vez de beberem e se alegrarem, se descobrem que o flagelo está ausente e vocês não vêem a peste em casa. Se dormimos fora, cansadas de nos divertirmos, cada um de vocês começa a procurar a peste, andando em volta da cama. Se aparecemos na janela, vocês querem a peste perto de vocês; se por timidez nós nos retiramos para dentro de casa, vocês ficam ansiosos por verem novamente as pestes de perto. É evidente, então, que valemos muito mais que vocês. Há um meio de demonstrar esta verdade. Façamos uma competição para ver quem é pior. Nós dizemos que são vocês, vocês dizem que somos nós. Examinemos todos os aspectos e fiquemos frente a frente, comparando os nomes de cada mulher com os de cada homem. Nausímaca[43] vence Cármico, como os fatos demonstraram. E naturalmente Cleofon também é inferior em tudo[44] a Salabaca (ou não é?). Há muito tempo vocês não se atrevem a medir forças com Aristômaca, de Maratona, e Stratonice. E Êubula, haverá algum senador da legislatura passada melhor que ela, depois de passar suas funções a outro? Nem mesmo um Ânito teria esta pretensão. Podemos, então, vangloriar-nos de ser superiores aos homens. Não se verá mulher alguma ir para a Acrópole num carro puxado por dois cavalos depois de roubar cinqüenta milhões do tesouro; o máximo que ela pode ter furtado é um bocadinho de trigo escuro de seu marido para devolver no mesmo dia. Mas, quantos de vocês poderíamos apontar entre os que praticam atos desonestos e que, além disso, são mais que nós glutões, ladrões, bobos e mercadores de escravos! E sem dúvida eles sabem menos que nós zelar por seu patrimônio. De fato, guardamos em perfeito estado até hoje os instrumentos de tecer e bordar, as cestinhas, os guarda-sóis; ao contrário, quantos de nossos maridos que estão sentados aí em frente deixaram desaparecer o bastão, a lança de ferro e muitas outras coisas em suas campanhas, e jogaram seus escudos no chão? Nós, as mulheres, teríamos o direito de fazer com razão censuras aos homens, entre elas uma enorme: seria justo, se uma de nós dá à luz um homem útil à cidade, um coronel, um general, que ela recebesse alguma homenagem e que lhe fosse oferecido um alto cargo[45] no Departamento de Festas[46], pois somente nós, as mulheres, organizamos e arranjamos as coisas com muita competência. Se a mulher desse à luz um covarde, um mau cidadão ou um mau general, ou um almirante incompetente, ela deveria sentar-se atrás da mãe de um homem de valor, com a cabeça raspada. De fato, é justo, nossa cidade, que a mãe de Hipérbolo fique sentada, vestida de branco e com os cabelos esvoaçantes, ao lado da mulher de Lâmaco, que empresta dinheiro a juros escorchantes? Se ela empresta dinheiro e cobra juros, ninguém deveria pagar, e seus bens deveriam ser confiscados depois de lhe dizermos: "Você bem merece que não lhe paguemos juros, depois de nos haver dado semelhante produto!"

O CORO *retira-se para o fundo da cena.*

MNESÍLOCO

Estou ficando vesgo depois de tanto olhar para o lado de onde penso que ele vem, mas ele não chega! Que dificuldade está impedindo a vinda dele? Sem qualquer dúvida ele achou o seu *Palamedes*[47] e tem vergonha dele. Com que peça devo atrair Eurípides? Já sei! Vou imitar a *Helena*, a peça mais nova dele. Para ganhar tempo, já estou vestido de mulher.

SEGUNDA MULHER

Que é que você ainda está tramando? Quem é que você está esperando? Você terá de ver uma Helena amarga se não se comportar decentemente até a chegada do delegado.

MNESÍLOCO

Recitando desordenadamente trechos da Helena de Eurípides[48].

"Aqui estão as Ninfas virginais do Nilo,
do rio que, substituindo águas celestes,
corre molhando o solo do brilhante Egito
e rega as ervas curativas de seu povo."

SEGUNDA MULHER

Você é um trambiqueiro!

MNESÍLOCO

"Todos conhecem minha pátria celebérrima,
e Tíndaro é meu pai..."

SEGUNDA MULHER

Esse é teu pai, trambiqueiro? É mais provável que seja Frinondas[49].

MNESÍLOCO

"O nome que me deram é Helena..."

SEGUNDA MULHER

Você está fingindo outra vez que é mulher, antes de ser punido pelo primeiro disfarce?

MNESÍLOCO

"Muitos guerreiros, junto às margens do Escamandro,
por minha causa foram vítimas da Morte."

SEGUNDA MULHER

Por que você não morreu também lá?

MNESÍLOCO

"Estou aqui, mas meu esposo infelicíssimo,
rei Menelau, não vem! Por que ainda vivo?"

SEGUNDA MULHER

A culpa é dos corvos, que não cumprem o seu dever.

MNESÍLOCO

Prosseguindo na declamação e vendo EURÍPIDES *aproximar-se.*

"Mas vejo algo que me alegra o coração!
Ah! Zeus! Não desmintas agora a esperança
que sinto renascer em mim!..."

Entra EURÍPIDES *disfarçado em Menelau após um naufrágio.*

EURÍPIDES

Fazendo-se de Menelau.

"Quem detém o poder neste belo palácio?
Queiram os deuses que ele seja acolhedor
para estrangeiros quase mortos de cansaço,
joguetes indefesos das ondas marinhas
durante a tempestade, semimortos náufragos!"

MNESÍLOCO

"Este palácio é de Proteu..."

SEGUNDA MULHER

Que Proteu? Ah! Três vezes trambiqueiro! Ele está mentindo, pois Proteu está morto há dez anos.[50]

EURÍPIDES

"A que lugar chegou, enfim, a nossa nau?"

MNESÍLOCO

"Ao Egito distante..."

EURÍPIDES

"Ah! Desventura! Onde nos lança a tempestade?"

SEGUNDA MULHER

Vocês acreditam neste homem merecedor do pior dos fins, que vem contar estas histórias? Isto aqui é o templo de Deméter!

EURÍPIDES

"Proteu está aqui, ou longe, muito longe?"

SEGUNDA MULHER

Você ainda vai enjoar muito, estrangeiro; dizem que Proteu está morto, e você vem perguntar se ele está aqui ou longe daqui!

EURÍPIDES

"Ah! Ele já morreu? Onde foi sepultado?"

MNESÍLOCO

"Seu túmulo é aqui, onde eu estou sentada."

SEGUNDA MULHER

Tomara que você morra miseravelmente! E você morrerá, ouviu? Você, que se atreve a chamar este altar de túmulo!

EURÍPIDES

"Por que, usando o túmulo como um assento,
estás velada aqui, mulher?..."

MNESÍLOCO

"Obrigam-me a unir-me ao filho de Proteu,
a partilhar seu leito..."

SEGUNDA MULHER

Por que, celerado, você ainda engana esse estrangeiro?

Dirigindo-se ao "estrangeiro".

Este homem chegou aqui como um louco, estrangeiro, a fim de roubar os adornos de ouro das mulheres.

MNESÍLOCO

"Ultraja-me, ladrando, se isso te agrada!"

EURÍPIDES

"Quem é esta anciã que insiste em acusar-te,
pobre estrangeira?..."

MNESÍLOCO

"Seu nome é Teonoe, a filha de Proteu."

SEGUNDA MULHER

Não, pelos deuses! Sou simplesmente Critila, filha de Antiteu, e moro aqui perto.

Dirigindo-se a MNESÍLOCO.

Você é mesmo um trambiqueiro!

MNESÍLOCO

"Dize o que mais te agrada. Não me casarei

com teu irmão, e nunca, nunca trairei
Menelau, meu esposo, que lutou em Tróia."

EURÍPIDES

Prosseguindo como se fosse Menelau.

"Ah! Que dizes, mulher? Olha-me frente a frente!"

MNESÍLOCO

Prosseguindo como se fosse Helena e tirando o véu que lhe ocultava os olhos.

"Tenho vergonha destas marcas ultrajantes
que enfeiam o meu rosto..."

EURÍPIDES

"Que vejo? O pasmo não me permite falar!
Que tenho em frente aos olhos? Quem és tu, mulher?"

MNESÍLOCO

"E tu, quem és? Estou também estupefata!"

EURÍPIDES

"És mesmo Helena, ou alguma mulher daqui?"

MNESÍLOCO

"Eu sou Helena. E tu? Quero saber quem és."

EURÍPIDES

"Ah! Mulher! Vejo em ti o retrato de Helena!"

MNESÍLOCO

E tu és Menelau, recendendo a... verduras?[51]

EURÍPIDES

"Vês diante de ti um homem infeliz!"

MNESÍLOCO

"Enfim chegaste aos braços de tua mulher!
Aperta-me! Abraça-me, alma querida!
Deixa-me dar-te um beijo! Leva-me! Sim, leva-me!
Leva-me! Leva-me daqui sem mais delongas!"

SEGUNDA MULHER

Pelos deuses e deusas! Que a desventura atinja quem levar você! Vou espancá-lo com minha tocha!

EURÍPIDES

"Filha de Tíndaro! Pretendes impedir-me
de levar minha esposa daqui para Esparta!"

SEGUNDA MULHER

Você tem o ar de ser bastante esperto e de estar mancomunado com este indivíduo.Não é sem razão que vocês falam tanto no Egito. Mas este cara será castigado, pois vejo avançando para cá o delegado e um soldado.

EURÍPIDES

Agora em tom natural.

Isto vai mal!... Vou me mandar daqui!

MNESÍLOCO

Agora também em tom natural.

E eu, pobre de mim, que vou fazer agora?

EURÍPIDES

Fique tranqüilo; enquanto eu tiver um sopro de vida não trairei você, a não ser que me faltem minhas inesgotáveis idéias astuciosas.

Sai Eurípides.

MNESÍLOCO

Não consigo pescar ninguém com meu anzol...

Entra o Delegado seguido por um Soldado que traz um chicote e uma canga usada para ser posta no pescoço dos presos.

DELEGADO

Este é o trambiqueiro denunciado por Clistenes?

Dirigindo-se a Mnesíloco.

Você aí, por que baixou a cabeça?

Dirigindo-se ao Soldado.

Entre com ele e ponha a canga no pescoço dele. Depois mostre este trambiqueiro a todo mundo e fique de olho nele. Não deixe ninguém chegar perto dele, e dê uma chicotada em qualquer pessoa que tente se aproximar dele!

SEGUNDA MULHER

É isto mesmo, pois há pouco tempo um sem-vergonha quase levou este trambiqueiro daqui.

MNESÍLOCO

Ah! Dr. Delegado! Em nome desta mão direita que você gosta de estender a quem lhe oferece dinheiro, me faça um favorzinho, ainda que eu tenha de ser morto!

DELEGADO

Que favor?

MNESÍLOCO

Dê ordem ao soldado para tirar toda a minha roupa antes de pôr a canga em mim; tenho medo de que, com meu manto cor de açafrão e com o meu chapéu, velho como sou vou provocar gargalhadas nos corvos que vão se deliciar com as minhas carnes.

DELEGADO

O senado decretou que você vai ser amarrado com esta roupa; assim todas as mulheres presentes podem ver que você é trambiqueiro.

MNESÍLOCO

Ah! Manto cor de açafrão! Quantos males você me traz! Não me resta nenhuma esperança de salvação!

O SOLDADO leva MNESÍLOCO. Saem o DELEGADO e a SEGUNDA MULHER.

CORIFEU

Vamos sair daqui também para participar da festa, como sempre fazemos, nós, mulheres, quando, nas horas santificadas, celebramos os mistérios divinos das duas deusas. Até Páuson[52] reverencia as duas fazendo jejum; muitas vezes ele fez preces conosco para que pudesse participar destas cerimônias por muitos anos ainda.

CORO

Avante, mulheres! Partamos com os pés ligeiros! Vamos fazendo roda com as mãos dadas! Avancemos marcando o ritmo da dança consagrada! Marchemos com os pés ligeiros! Mas o coro, mesmo assim, deve ficar de olho vivo, observando todos os lados. Ao mesmo tempo prestemos homenagem à raça dos deuses olímpicos e cantemos em honra deles enquanto dançamos! Se alguém espera que neste lugar santificado, nós, as mulheres, vamos maldizer os homens, engana-se! Mas temos de recomeçar a dança de roda com passos elegantes. Que nossos pés continuem marchando enquanto celebramos o deus da bela lira[53] e Ártemis portadora do arco, soberana pudica! Salve, deus protetor! Dê-nos a vitória! Celebremos Hera, padroeira dos casamentos, como convém, ela, que em todos os coros participa das festas e guarda as chaves do himeneu! A Hermes, deus dos pastores, e a Pan e às Ninfas queridas, pedimos que sorriam para nós cordialmente e sintam prazer com nossas danças. Começa agora animadamente o passo duplo, encanto da dança! Divirtamo-nos, mulheres, obedecendo aos costumes e mantenhamo-nos rigorosamente em jejum. Vamos! Coragem! Pulemos, façamos roda movendo cadenciadamente os pés! Rodemos cantando bem alto! E guie-nos você mesmo, deus portador das folhas de parreira, Baco, nosso senhor! Estamos festejando-o com árias dançantes, você, Diôniso Brômio[54], filho de Zeus e de Semele, que marcha nas montanhas, principalmente no monte Citéron, divertindo-se com os hinos graciosos das Ninfas! Evoé! Evoé! Conduza nossa dança pela noite afora! Por todos os lados junta-se à nossa algazarra o eco do Citéron, o monte sombrio coberto de folhagem escura, e os vales rochosos fremem! E envolvendo-o em sua folhagem, a parreira de belas folhas floresce!

O CORO se retira. A cena muda para outro local, onde estão o SOLDADO[55] e MNESÍLOCO.

SOLDADO

Aqui, agora, tu pode gritá com toda a força dos purmão!

MNESÍLOCO

Eu lhe suplico, soldado!

SOLDADO

Num adianta suplicá!

MNESÍLOCO

Abra a canga!

SOLDADO

Eu abro ela já!

O SOLDADO aperta mais a canga.

MNESÍLOCO

Estou... perdido! Você apertou ainda mais!

SOLDADO

Tu qué mais ainda?

MNESÍLOCO

Ai, ai, ai! Ai, ai, ai! Que a peste te mate!

SOLDADO

Cala a boca, véio disgraçado! Vou buscá uma istêra pra ficá vigiando ocê sem cansá.

MNESÍLOCO[56]

Que momentos deliciosos fiquei devendo a Eurípides!...

Percebendo ainda ao longe EURÍPIDES disfarçado na Ninfa Eco.

Ah! Deuses! Ah! Zeus Salvador! Voltei a ter esperanças! Parece que o homem não vai me abandonar; mas ele me dá a entender, correndo para longe da multidão disfarçado em Perseu, que devo me transformar em Andrômeda. Mas de qualquer maneira estou preso. É claro que ele vem me soltar, pois se não fosse assim não tinha voado para cá.

Imitando Andrômeda.

Amigas, virgens amigas, por que não posso ir embora sem que o pau-de-arara[57] me veja? Você está me ouvindo? Você, que repete meus cantos nas cavernas, permita que eu vá encontrar minha mulher! Quem me prendeu aqui não tem coração, é o mais insensível dos mortais. A duras penas escapei de uma velha nojenta, mas estou... perdido da mesma forma. Este pau-de-arara, plantado perto de mim o tempo todo, me pôs aqui, todo ferido, sem um amigo, para ser devorado pelos urubus. Você está vendo? Não é para danças nem para a companhia de mocinhas da minha idade que estou em pé segurando uma urna para receber votos; mas, amarrada em laços apertados, fui lançada como pasto ao monstro Glaucestes. Num hino que não é de himeneu, mas soando como o ruído de grilhões, chorem por mim, mulheres, pois, desgraçada, sofri desgraçadamente — desditosa que sou, desditosa demais! — e entre os sofrimentos infligidos por meus parentes faço um apelo, numa ardorosa lamentação fúnebre, cheia de lágrimas — ai, infeliz de mim! —, ao homem que primeiro me depilou e depois me forçou a vestir esta roupa cor de açafrão, e além disso me mandou para o templo onde estão as mulheres! Ah! Demônio impiedoso de meu destino! Ah! Sou uma mulher maldita! Quem não quer lançar um olhar sobre meus sofrimentos, que ninguém inveja, diante de males como os meus? Possa o astro portador do fogo do éter aniquilar a infeliz que sou! Já não gosto de contemplar a luz imortal do dia, suspensa assim, vítima de dores atrozes em meu pescoço dilacerado, que logo me levarão para o mundo dos mortos!

EURÍPIDES

Disfarçado na Ninfa Eco, sem ser visto.

Salve, criança querida! Praza aos céus que seu pai, que a abandonou, seja aniquilado pelos deuses!

MNESÍLOCO

Ainda imitando Andrômeda.

Quem é você, que se comoveu com meus sofrimentos?

EURÍPIDES-ECO

Sou Eco, que se diverte repetindo as palavras dos mortais; no ano passado, neste mesmo lugar, ajudei Eurípides a competir no concurso de tragédias. Vamos, minha criança! Faça seu papel! Gema desconsoladamente!

MNESÍLOCO-ANDRÔMEDA

Mas você tem de gemer depois de mim!

EURÍPIDES-ECO

Não vou me esquecer de gemer. Vamos! Comece!

MNESÍLOCO-ANDRÔMEDA

Ah! Noite sagrada! Até onde você vai em sua fuga, percorrendo em seu carro a abóbada estrelada do éter sagrado, por cima do muito divino Olimpo?

EURÍPIDES-ECO

Olimpo?

MNESÍLOCO-ANDRÔMEDA

Por que me couberam tantos males em partilha, a mim, Andrômeda, mais que às outras criaturas?

EURÍPIDES-ECO

Criaturas?

MNESÍLOCO-ANDRÔMEDA

A morte é a sorte que me espera! Ai de mim!

EURÍPIDES-ECO

Ai de mim!

MNESÍLOCO-ANDRÔMEDA

Você me mata com sua tagarelice!

EURÍPIDES-ECO

Tagarelice!

MNESÍLOCO-ANDRÔMEDA

Você me aborrece com suas interrupções! Isto é demais!

EURÍPIDES-ECO

Demais!

MNESÍLOCO-ANDRÔMEDA

Me deixe entoar minha cantilena, querido; isso me agradará. Pare!

EURÍPIDES-ECO

Pare!

MNESÍLOCO-ANDRÔMEDA

Vá para o inferno!

EURÍPIDES-ECO

Inferno!

MNESÍLOCO-ANDRÔMEDA

Que mal a aflige?

EURÍPIDES-ECO

Aflige?

MNESÍLOCO-ANDRÔMEDA

Você está dizendo bobagens!

EURÍPIDES-ECO

Bobagens!

MNESÍLOCO-ANDRÔMEDA

Seja muito infeliz!

EURÍPIDES-ECO

Infeliz!

MNESÍLOCO-ANDRÔMEDA

Então lamente-se!

EURÍPIDES-ECO

Lamente-se!

SOLDADO

Voltando com uma esteira e dirigindo-se a EURÍPIDES.

Ocê aí, por que tá dizendo fanfarronada?

EURÍPIDES-ECO

Fanfarronada?

SOLDADO

Vô chamá o dotô delegado!

EURÍPIDES-ECO

Delegado!

SOLDADO

Donde tá saindo esta vóis?

EURÍPIDES-ECO

Esta voz?

SOLDADO

Ocê continua falando, disgraçado?

EURÍPIDES-ECO

Desgraçado?

SOLDADO

Ocê vai si arrependê!

EURÍPIDES-ECO

Arrepender!

SOLDADO

Ocê tá zombando de mim!

EURÍPIDES-ECO

De mim!

MNESÍLOCO

Não! Aquela mulher está perto de nós!

EURÍPIDES-ECO

De nós!

SOLDADO

Onde tá a bandida?

MNESÍLOCO

Ela vai fugir!

SOLDADO

Pra onde ela vai fugi?

EURÍPIDES-ECO

Vai fugir?

SOLDADO

Ocê num vai se alegrá!

EURÍPIDES-ECO

Alegrar!

SOLDADO

Ocê inda tá grunhindo!

EURÍPIDES-ECO

Grunhindo!

SOLDADO

Sigura a bandida!

EURÍPIDES-ECO

Bandida!

SOLDADO

Mulhé fanfarrona e mardita!

EURÍPIDES-ECO

Disfarçando-se de Perseu e declamando.

"A que país de bárbaros cheguei agora
num ímpeto incontido? Atravessando o éter,
abrindo meu caminho vôo sem parar
com os pés alados com destino à antiga Argos,
levando em minhas mãos a cabeça da Gôrgona[58]."

SOLDADO

Como é que é? Levando a cabeça do iscrivão Gorgo?

EURÍPIDES-ECO

Eu disse "a cabeça da Gôrgona".

SOLDADO

Eu também disse Gorgo.

EURÍPIDES-ECO

"Avante! Que rochedo é este e quem será
esta donzela semelhante em tudo às deusas?
Parece uma galera amarrada no porto!"

MNESÍLOCO-ANDRÔMEDA

"Tem piedade de meu infortúnio enorme,
desconhecido! Solta os grilhões que me prendem!"

SOLDADO

Ocê vai continuá dizendo bobage? Mardito! Atrivido! Ocê vai ficá com essa conversa mole na hora de morrê?

EURÍPIDES-ECO

"Ah! Virgem! Como é triste ver-te acorrentada!"

SOLDADO

Ele num é virge; é um véio inganadô, ladrão e safado!

EURÍPIDES

Você está dizendo tolices, soldado; ela é Andrômeda, filha de Cefeu.

SOLDADO

Levantando a roupa de MNESÍLOCO.

Óia o piru dele! Ocê acha ele piqueno?

EURÍPIDES

Dirigindo-se a MNESÍLOCO.

Chegue mais perto, mocinha! Dê-me a mão para eu segurá-la.

O SOLDADO se interpõe entre os dois.

Vejamos, soldado. Todos os homens têm suas fraquezas. A minha é ser apaixonado por esta gatinha.

SOLDADO

Eu num invejo ocê, mas se ele tivesse de costa pra eu, eu atacava o traseiro dele.

EURÍPIDES

Por que você não me deixa soltá-la, soldado, "e levá-la depois ao leito nupcial?"

SOLDADO

Se ocê tá querendo mermo transá cum o véio, agarra a canga por trais e dá uma de tarado.

EURÍPIDES-ECO

"Não, pelo deuses, mas destruo seus grilhões."

SOLDADO

Entonce, cuidado cum o chicote!

EURÍPIDES

Não importa; tenho de soltá-lo!

SOLDADO

Pois eu vô rachá a cabeça dele cum esta ispada!

EURÍPIDES-ECO

"Ah! Que farei? Que argumentos usarei?
Mas este bárbaro não me deixa salvá-la!
Usar com ignorantes argumentos novos
é trabalho perdido. Deverei valer-me
de idéias ao alcance de sua rudeza!"

Sai EURÍPIDES.

SOLDADO

Raposa trambiquera! Ele qué mi inganá de quarqué manera!

MNESÍLOCO

Gritando na direção em que EURÍPIDES saiu.

Não se esqueça, Perseu, da situação difícil em que você me abandona!

SOLDADO

Ocê tá mermo cum vontade di entrá no chicote!

CORO

Em nossos coros costumamos invocar Atena para juntar-se a nós, ela, a sempre virgem padroeira de nossa terra, única detentora legítima do poder em sua cidade, chamada de guardiã das chaves. Apareça, você que detesta os tiranos, como manda a sã razão! O povo das mulheres a chama! Queiram os céus que você venha juntar-se a nós, trazendo consigo a paz amiga das festas. Vocês também, os outros deuses benévolos e propícios neste bosque onde celebram-se os mistérios sagrados das duas deusas que os homens não têm permissão para ver, e onde elas mostram suas faces imortais à luz das tochas. Venham, aproximem-se! É uma súplica, Tesmôforas muito veneradas. Se nunca antes deste dia vocês responderam aos nossos apelos, imploramo-lhes: venham hoje, apareçam aqui entre nós!

Durante a fala do CORO o SOLDADO adormece. Reaparece EURÍPIDES, tendo nas mãos uma harpa; com ele vêm uma dançarina e um flautista.

EURÍPIDES

Se vocês quiserem fazer as pazes comigo para sempre, mulheres, este é o momento, pois me comprometo a nada dizer de mal contra vocês a partir de agora. Esta é a minha proposta.

CORIFEU

Por que você nos faz esta proposta?

EURÍPIDES

Este homem preso na canga é meu sogro. Se vocês quiserem libertá-lo, nunca mais voltarei a falar mal das mulheres. Se vocês recusarem, revelarei aos maridos de todas, quando eles deixarem o serviço militar, tudo que vocês fazem escondidas enquanto eles servem à pátria.

CORIFEU

Quanto a nós, fique sabendo: estamos de acordo com você,

Apontando para o SOLDADO.

mas você mesmo vai ter de convencer este pau-de-arara.

EURÍPIDES

Essa tarefa é minha.

Dirigindo-se à dançarina.

A sua, gatinha, é não esquecer de fazer o que eu lhe disse no caminho para cá. Fique na frente dele e levante o véu.

Dirigindo-se ao flautista.

Você aí, toque uma música bem sensual.

Enquanto a moça dança e o rapaz toca flauta, EURÍPIDES *disfarça-se em velha.*

SOLDADO

Qui musga é essa? O baruio do forró me acordô!

EURÍPIDES

Apontando para a dançarina.

Essa moça está treinando, soldado, pois ela vai dançar com alguém...

SOLDADO

Entonce ela pode dançá e se esquentá; eu não vô criá caso por isso. Como ela remexe bem! Parece uma purga num couro de bode!

EURÍPIDES

Dirigindo-se à dançarina.

Vamos, gatinha! Tire a roupa pela cabeça! Sente-se nos joelhos do soldado e levante os pés, para eu tirar as suas sandálias.

SOLDADO

Tá bom! Muntcho bom! Se senta, gostosa! Se senta!

A dançarina obedece. EURÍPIDES *começa a tirar as sandálias dela.*

Oba! Como os peitinhos dela são durinho! Parece duas maçã!

A moça começa a dançar nua.

EURÍPIDES

Dirigindo-se ao flautista.

Você aí! Toque mais depressa! Você tem medo do soldado?

SOLDADO

Qui trasero bacana!

Falando a seu membro em ereção.

Manera! Fica quetinho debaixo da rôpa!

EURÍPIDES

Dirigindo-se à dançarina.

Agora chega; vista a roupa. Já é hora de irmos embora.

SOLDADO

E ela não vai mi dá um bejinho primero?

EURÍPIDES

Dirigindo-se à dançarina.

Dê um beijo nele. Está bem!...

SOLDADO

Beijando a dançarina.

Oba! Oba! Qui lingüinha doce! Parece mé de abêia. Por que ocê num deita cum eu?

EURÍPIDES

Adeus, soldado. Não é possível.

SOLDADO

Dirigindo-se a EURÍPIDES ainda disfarçado em velha.

Dexa! Dexa, véia! Me dê esse gosto!

EURÍPIDES

Então você me dá uma grana?

SOLDADO

Tá bem! Tá bem! Eu ti dô uma grana.

EURÍPIDES

Passe logo a grana!

SOLDADO

Grana eu num tenho, mas ti dô meu carcás cum todas as minha frecha.

O SOLDADO tira o carcás do ombro e dá a EURÍPIDES.

Depois eu vô ti levá a grana e ocê me devorve o carcás.

Dirigindo-se à dançarina.

Vem cum eu, gostosa!

Dirigindo-se a EURÍPIDES e apontando para MNESÍLOCO.

Fica de ôio nesse véio, véia. Mais como é mermo teu nome?

EURÍPIDES

Artemísia.

SOLDADO

Como é qui eu vô dizê esse nome? Artemija?

O SOLDADO sai com a dançarina.

EURÍPIDES

Hermes astucioso[59]! Até aqui você fez tudo como eu queria.

Dirigindo-se ao flautista e dando-lhe uma harpa.

Você, meu rapaz, vá embora com isto.

Apontando para MNESÍLOCO.

Vou soltar esse coroa.

Dirigindo-se a MNESÍLOCO.

Quando você estiver solto trate de fugir sem demora, e corra para se juntar à sua mulher e os filhos em casa.

MNESÍLOCO

Logo que estiver solto é a primeira coisa que vou fazer.

EURÍPIDES

Depois de soltar MNESÍLOCO.

Você está livre. Trate de fugir antes que o soldado volte e queira prender você de novo.

MNESÍLOCO

É isto que já estou fazendo! Vamos!

SOLDADO

Voltando.

Ah! Véia! Tua fia é uma gostosura e muito legal! Mas onde tá a véia? Tô perdido! Pra onde foi a véia?

Chamando.

Véia! Véia! Num tô gostando disso, véia!

Gritando.

Artemija! A véia me inganô.

Vendo o carcás vazio e chutando-o.

Vai pras profundeza do inferno, carcás mardito! Num é à toa que tu tem esse nome tão feio e andava sempre se isfregando nas minhas costa! Qui disgraça! Qui é qui eu vô fazê agora? Onde tá a véia? Artemija!

CORIFEU

Você pergunta pela velha que levava a harpa?

SOLDADO

É isso aí! Tu viu ela?

CORIFEU

Ela foi embora por ali, com um velho atrás dela.

SOLDADO

A véia tava cum um vistido amarelado?

CORIFEU

Garanto que estava. Se você perseguir os dois indo por ali, ainda pode alcançar a dupla.

SOLDADO

Véia mardita! Pra donde eu vô corrê? Artemija!

CORIFEU

Vá correndo em linha reta e subindo. Mas para onde você está indo? Você quer voltar ao mesmo lugar correndo para o outro lado?

SOLDADO

Eu sô um disgraçado! Eu? Corrê? Artemija!

CORIFEU

Corra depressa para onde houver urubus (quem gosta de velho é urubu...) e bons ventos o levem! Quanto a nós, já nos divertimos bastante hoje.

Dirigindo-se aos espectadores.

É tempo de cada um de vocês voltar para casa. Que as duas deusas Tesmôforas concedam suas boas graças a todos!

FIM

NOTAS

1. Literalmente: "As Celebrantes das Tesmoforias" (*Thesmophoriazúsai*), festas religiosas só para mulheres, celebradas no mês correspondente a março de nosso calendário durante três dias, sendo o segundo de jejum.

2. Literalmente Prítane, alto funcionário de Atenas incumbido de manter a ordem nas festas cívicas e religiosas.

3. Provérbio significando: "Quando terminarão meus males?".

4. Tesmôforas: Deméter e Persefone, as deusas legiferantes.

5. Literalmente: "é aquele que a máquina está trazendo". A "máquina" é o *ekkyklema*, engrenagem rotativa destinada a introduzir em cena personagens que ainda não estavam no palco.

6. Literalmente: "estou vendo Cirene", uma prostituta famosa na época, mencionada por Aristófanes também nas *Rãs*.

7. A expressão "caminhos de formiga" parece significar canções ziguezagueantes.

8. Febo é um dos epítetos do deus Apolo, e significa "brilhante". A "terra banhada pelo Simóis" é a Trôade, onde ficava a cidade de Tróia.

9. As Genetlíades eram as deusas padroeiras das relações sexuais.

10. *Licurgia* era uma trilogia perdida de Ésquilo, composta dos *Edônios*, dos *Bassaridas* e dos *Jovens*.

11. Fedra: No *Hipólito* de Eurípides, Fedra sentia um amor desenfreado pelo enteado Hipólito, que era apaixonado por cavalos. Esta peça também foi publicada pela mesma editora.

12. Íbico, Anacreonte, Alceu e Frínico foram poetas líricos famosos.

13. Os habitantes da Iônia adotavam costumes considerados efeminados pelos outros gregos.

14. Filoclés, Xenoclés e Têognis eram poetas trágicos contemporâneos de Aristófanes.

15. Versos 855 a 857 de minha tradução da *Alceste* de Eurípides, publicada por esta editora.

16. Sendo efeminado, Agaton devia barbear-se e depilar-se freqüentemente.

17. Eumênides: as "deusas benévolas", protetoras dos suplicantes depois de terem sido Fúrias vingadoras dos crimes entre parentes.

18. Para Clistenes, um efeminado de má fama, ver mais adiante.

19. Para a depilação.

20. Verso da *Melanipe*, tragédia perdida de Eurípides.

21. O general ateniense Hipócrates, sobrinho de Péricles, tinha três filhos famosos por sua pouca inteligência.

22. Aristófanes parodia aqui um verso de Eurípides no *Hipólito* (verso 650 de nossa tradução), onde o herói diz o contrário.

23. Pluto era o deus da riqueza (ver a comédia seguinte); Caligênia é provavelmente um epíteto de Deméter, significando "que faz conceber filhos belos".

24. A "nutriz da juventude" é provavelmente a Terra.

25. *Iê Paiã* é uma invocação a Apolo; *Paiã* é um dos epítetos deste deus.

26. O "deus da lira de ouro" é também Apolo, e a "virgem onipotente" é Atena.

27. A "deusa de muitos nomes" é Ártemis, a Diana dos latinos.

28. Estas e as manifestações seguintes deste coro parecem corresponder realmente ao ritual observado nas Tesmoforias, salvo alguns pequenos enxertos de efeito cômico.

29. Eurípides e os Medos: Eurípides era o arquiinimigo das mulheres. Os Medos (outra denominação genérica dos persas) eram os arquiinimigos de Atenas.

30. Xenoclés era um orador ateniense famoso na época de Aristófanes.

31. Frutinhas de cedro, anis e salva eram remédios usados na época para cólicas.

32. Esperava-se o proverbial escorpião, mas o coro diz "orador", pois os atenienses sensatos achavam os oradores políticos da época mais perigosos que os escorpiões.

33. Literalmente: "Por Áglauros", filha de Cêcrops, um rei lendário de Atenas, e sacerdotisa da deusa Atena.

34. Melanipe e Fedra (esta última protagonista da tragédia *Hipólito* de Eurípides) são personagens imorais de tragédias deste autor.

35. Literalmente "nas Apatúrias", festa religiosa durante a qual os rapazes atenienses, as moças recém-casadas e as crianças eram admitidas nas associações chamadas fratrias, ou seja irmandades. Durante esta festa realizavam-se sacrifícios, seguidos de banquetes em que eram servidas as carnes das vítimas.

36. Literalmente: "você faz o seu peru passar para cá e para lá com mais freqüência que os coríntios". Para não terem de fazer a longa volta pelo Peloponeso, os coríntios levavam suas naus por terra através do istmo, usando mecanismos engenhosos e grandes carretas. Ver Tucídides, *História da guerra do Peloponeso*, livro VIII, § 7, e Heródotos, *História*, III, § 24.

37. Ver a nota 2.

38. A colina é a Pnix, que se eleva no centro de Atenas.

39. As Parcas (as Moiras dos gregos) eram o destino personificado.

40. Festas celebradas solenemente em Atenas.

41. Tragédia perdida de Eurípides, representada pela primeira vez em 415 a.C. (quatro anos antes da estréia desta comédia).

42. Dita pelas mulheres do Coro. Ver a nota 34 às *Nuvens*.

43. Nome de mulher significando "aquela que combate contra as naus".

44. Cleofon tinha sido escolhido para chefe do partido democrático em Atenas. Salabaca era uma prostituta famosa na época. Aristômaca ("excelente em combate") e Stratonice ("vitória do exército") traziam à memória dos atenienses vitórias gloriosas. Êubula significa "bom conselho"; Ânito, acusador de Sócrates no processo em que o filósofo foi condenado à morte, era considerado um homem pernicioso.

45. Literalmente: a Proedria, cargo importante em relação às festas públicas atenienses.

46. Literalmente: "nas Cirias", festa ateniense também só para mulheres.

47. Nome de uma tragédia de Eurípides, da qual nos restam apenas fragmentos, cujo herói tinha este nome.

48. *Helena* é uma das tragédias conservadas de Eurípides. Os versos de Eurípides estão entre aspas.

49. Frinondas era um ateniense de mau caráter, que segundo alguns comentaristas antigos teria sido o pai de Eurípides.

50. A segunda mulher confunde Proteu, rei do Egito na época da guerra de Tróia, com algum homônimo ateniense morto havia dez anos.

51. "Verduras" é uma alusão de Aristófanes à profissão da mãe de Eurípides, que teria sido verdureira.

52. Páuson era um ateniense reduzido à extrema pobreza na época.

53. O "deus da lira bela" é Apolo.

54. Brômio é um dos epítetos de Diôniso, o deus do vinho e do delírio místico, significando "fremente" ou "retumbante".

55. No original o soldado, por ser um estrangeiro da Cítia, fala um grego misturado com sua língua bárbara, difícil de ser entendida.

56. A fala de Mnesíloco inclui citações e paródias de trechos da tragédia *Andrômeda* de Eurípides, da qual nos restam apenas fragmentos.

57. "Pau-de-arara": literalmente o "Cita", natural da Cítia.

58. A Gôrgona era um monstro cuja face petrificava quem a via.

59. Hermes, mensageiro de Zeus, era o deus astucioso por excelência.

UM DEUS CHAMADO DINHEIRO[1]

Época da ação: Século IV a.C.
Local: Atenas
Primeira representação: 388 a.C., em Atenas

PERSONAGENS

CARÍON, escravo de Crêmilo
CRÊMILO
PLUTO, deus da riqueza, o "velho cego"
MULHER DE CRÊMILO
CORO de camponeses
BLEPSÍDEMO
POBREZA
HOMEM JUSTO
SICOFANTE[2]
VELHA
RAPAZ
HERMES
SACERDOTE DE ZEUS

Cenário

Praça pública em Atenas; ao fundo aparece a casa de CRÊMILO. Por um lado entra um velho cego e mal-vestido, marchando tropegamente com a ajuda de um bastão. Atrás dele vêm CRÊMILO e seu escravo CARÍON, de volta de uma viagem e coroados de folhas de loureiro; CARÍON traz uma panela.

CARÍON

Como é penoso, Zeus e todos os deuses, ser escravo de um senhor que perdeu o juízo!... Se o escravo dá os melhores conselhos e seu dono não liga, fatalmente vão sobrar aborrecimentos para o mais fraco. O destino não deixa que ele disponha livremente de sua pessoa, pois o escravo pertence a quem pagou para ser o seu dono. Afinal, as coisas são assim mesmo, mas quanto a esse tal de Loxias[3], que berra oráculos do alto de seu tripé, censuro o fato de ele, que é médico e adivinho muito competente, segundo dizem, mandar de volta meu senhor ainda mais desequilibrado. Ele vem caminhando atrás de um velho cego, fazendo o contrário do que devia fazer. De fato, nós, que enxergamos, devíamos guiar os cegos, enquanto ele segue um deles e me obriga a fazer o mesmo, e tudo isto sem dar uma explicação, sem me dirigir a palavra mais curta!

Dirigindo-se a CRÊMILO.

Está bem; não vou ficar calado de jeito nenhum se o senhor não explicar finalmente por que estamos seguindo este homem; vou lhe causar aborrecimentos e o senhor não vai poder bater em mim, porque estou usando uma coroa.[4]

CRÊMILO

Se você me aborrecer, por pouco que seja, arranco a sua coroa e você vai sofrer ainda mais por isso!

CARÍON

Isso é papo furado. Não vou parar de falar até o senhor me dizer quem é este cego. Estou perguntando porque quero bem ao senhor, o melhor homem deste mundo.

CRÊMILO

Está bem! Não vou esconder a verdade a você, pois entre os meus escravos acho que você é o mais fiel e o mais... ladrão. Eu, embora seja religioso e justo, não fui bem-sucedido na vida e sou pobre.

CARÍON

Eu sei disto, e muito bem.

CRÊMILO

Outros homens, embora sejam hereges, demagogos, dedos-duros, avarentos, estão com tudo.

CARÍON

Concordo com o senhor.

CRÊMILO

Fui então consultar o deus, não para mim mesmo, tão infeliz que já considero esgotadas todas as jogadas de minha vida, mas para meu filho, o único que tenho, a fim de saber se ele, mudando sua conduta, devia passar a ser cínico, injusto, sonegador, um verdadeiro mau-caráter, pois em minha opinião só sendo tudo isto se tira proveito da vida agora.

CARÍON

E que disse Febo[5] no meio de suas coroas?

CRÊMILO

Você vai saber. O deus me disse claramente para eu seguir a primeira pessoa que encontrasse saindo do templo, e para não perder essa pessoa de vista e insistir para ela me acompanhar até a minha casa.

CARÍON

E quem o senhor encontrou primeiro?

CRÊMILO

Apontando para o cego.

Este aqui.

CARÍON

O quê? O senhor não adivinhou o pensamento do deus; ele quis dizer com a maior clareza que o senhor devia educar seu filho de acordo com os costumes atuais desta terra.

CRÊMILO

Por que você pensa assim?

CARÍON

Está na cara, mesmo para um cego, que se deve entender que é mais vantajoso não fazer nada de bom na época atual.

CRÊMILO

Não é possível que o oráculo de um deus tenha sido neste sentido; ele tem um alcance mais elevado. Se este homem dissesse logo quem ele é, por que razão e em que circunstâncias ele veio até aqui conosco, compreenderíamos o significado do oráculo.

CARÍON

Dirigindo-se ao cego em tom ameaçador.

Vamos, velho! Você quer dizer, ou não, quem é você, ou eu vou ter de agir neste sentido? Fale já!

PLUTO

Digo para você gemer.

CARÍON

Dirigindo-se a CRÊMILO.

Você entendeu a resposta dele?

CRÊMILO

Ele disse estas palavras a você, e não a mim; você interrogou o velho de maneira errada e grossa.

Dirigindo-se a PLUTO.

Se lhe agradam as maneiras de um homem leal, responda, meu velho.

PLUTO

Digo para você chorar.

CARÍON

Dirigindo-se ironicamente a CRÊMILO.

Receba bem o homem e o presságio do deus...

CRÊMILO

Dirigindo-se novamente a PLUTO.

Garanto que você não terá mais motivos para rir!

CARÍON

Dirigindo-se a PLUTO.

Se você não falar eu mato você miseravelmente, seu miserável!

PLUTO

Me deixem em paz, vocês dois!

CRÊMILO

De jeito nenhum!

CARÍON

Ora! Então eu falei melhor que o senhor. Vou matar este homem da pior maneira possível: levo ele até a beira de um precipício e depois saio de perto para ele quebrar o pescoço na queda.

CRÊMILO

Então leve o velho já!

Os dois tentam agarrar PLUTO.

PLUTO

Não! De jeito nenhum!

CRÊMILO

Você não vai falar?

PLUTO

Mas, se vocês souberem quem eu sou, tenho certeza de que vão me maltratar e não vão me deixar ir embora.

CRÊMILO

Claro, ainda que você não queira!

PLUTO

Então, primeiro me soltem.

CRÊMILO

Está bem; vamos soltar você.

PLUTO

Agora ouçam. Percebi que tenho de dizer o que estava disposto a manter em segredo: eu sou o deus Pluto.

CARÍON

Que mau-caráter! Você é Pluto e ficou calado?

CRÊMILO

Você, Pluto, neste estado lamentável? Ah! Febo Apolo! Ah! Deuses! Ah! Demônios! Ah! Zeus! Que disse você? Você é realmente Pluto?

PLUTO

Sou.

CRÊMILO

O próprio?

PLUTO

O propriíssimo.

CRÊMILO

Então me diga: de onde vem você assim tão sujo?

PLUTO

Estou saindo da casa de Patroclés, que não toma banho desde o dia em que nasceu.

CRÊMILO

E como lhe aconteceu a desgraça de ficar cego? Me conte!

PLUTO

Foi Zeus quem me fez isto, despeitado por causa dos homens. Há muito tempo eu ameaçava ele de favorecer somente as pessoas justas, sábias e honestas. Então ele me cegou para me impedir de reconhecer as pessoas. Vejam até quanto vai o despeito dele contra as pessoas de bem!

CRÊMILO

Mas se ele é venerado, é pelas pessoas de bem e justas.

PLUTO

Concordo com você.

CRÊMILO

Então me diga: se voltasse a enxergar como antes, você fugiria a partir de agora das pessoas más?

PLUTO

Garanto a você.

CRÊMILO

E você procuraria a companhia dos justos?

PLUTO

Sem dúvida nenhuma, pois há muito tempo não vejo gente justa.

CARÍON

Dirigindo-se aos espectadores.

Não há nada de extraordinário nisto; eu também, que enxergo otimamente, também não vejo há muito tempo uma pessoa justa.

PLUTO

Agora me deixem, pois vocês sabem tudo a meu respeito.

CRÊMILO

Não, pois nunca mais deixaremos você.

PLUTO

Eu não disse que vocês iam me causar aborrecimentos?

CRÊMILO

Peço encarecidamente a você que se deixe convencer e não vá embora. Você não vai achar, por mais que procure, um homem de caráter melhor que o meu.

CARÍON

Dirigindo-se aos espectadores.

Não! Não existe outro como eu!

PLUTO

Isso é o que todos dizem, mas quando eles me possuem verdadeiramente e ficam ricos, a maldade deles ultrapassa enormemente todos os limites da compostura.

CRÊMILO

É verdade que as coisas se passam assim, mas nem todas as pessoas são más.

PLUTO

Todas não, mas a maioria delas.

CARÍON

Você me pagará.

CRÊMILO

Mas você deve conhecer ao menos as vantagens que vai ter se ficar conosco. Ouça: com a ajuda dos deuses espero curar a sua cegueira.

PLUTO

Não faça isto, de jeito nenhum! Não quero voltar a ver!

CRÊMILO

Dirigindo-se aos espectadores.

Esta criatura é infeliz por natureza.

PLUTO

Sem dúvida Zeus, se conhecesse as loucuras desta gente, me esmagaria.

CRÊMILO

E ele já não faz isto, deixando você ir para cá e para lá tropeçando em tudo?

PLUTO

Não sei, mas tenho um medo terrível dele.

CRÊMILO

Você está falando sério? Ah! Deus mais covarde de todos! Você acredita que a soberania e os relâmpagos de Zeus valham a menor das moedas se você ficar bom da cegueira, ainda que seja por pouco tempo?

PLUTO

Não fale assim, infeliz!

CRÊMILO

Fique quietinho! Vou provar que você é muito mais poderoso que Zeus.

PLUTO

Você está dizendo isto sinceramente?

CRÊMILO

Digo sim; primeiro, por que Zeus tem o comando sobre os outros deuses?

CARÍON

Por causa do dinheiro, que ele tem demais.

CRÊMILO

Muito bem: quem dá esse dinheiro a ele?

CARÍON

Apontando para PLUTO.

Este aqui.

CRÊMILO

E a quem Zeus deve os sacrifícios oferecidos a ele? Não é por causa deste que está aqui?

CARÍON

É, sim; o que se pede mais aos deuses é a riqueza, e sem rodeios.

CRÊMILO

E este aqui não é a causa disto? E se ele quisesse não acabava com tudo isto?

PLUTO

Como?

CRÊMILO

Ora! Nenhum homem vai sacrificar mais bois nem oferecer qualquer outra coisa aos deuses se você não quiser.

PLUTO

Mas como?

CRÊMILO

Como? Sem você, parece que não existe outro meio de comprar coisas, se você não providenciar o dinheiro, só você e mais ninguém. Sendo assim, você ia acabar com o poder de Zeus, se ele causasse qualquer aborrecimento a você.

PLUTO

Que é que vocês estão dizendo? É por minha causa que os homens oferecem sacrifícios a ele?

CRÊMILO

É isto mesmo que eu estou dizendo. E se os homens têm alguma coisa brilhante, bonita, agradável, é por seu intermédio que tudo isto chega às mãos deles, pois tudo depende do dinheiro.

CARÍON

Veja bem: foi por causa de um pouco de dinheiro que passei a ser escravo, eu, que antes era livre.

CRÊMILO

E dizem que as prostitutas de Corinto, se por acaso um João-ninguém tenta ir para a cama com elas, nenhuma delas dá a mínima atenção a ele; mas se se trata de um homem rico, logo elas mostram o traseiro.[6]

CARÍON

Sim, e dizem que os bichas fazem o mesmo, não por amor a seus homens, mas por dinheiro.

CRÊMILO

Não os honestos, mas os prostituídos; os honestos não pedem dinheiro.

CARÍON

Não pedem?

CRÊMILO

Eles não pedem dinheiro, mas uns pedem cavalos, outros pedem cães de caça...

CARÍON

Talvez alguns tenham vergonha de pedir dinheiro, e enfeitam a depravação deles com nomes enganadores.

CRÊMILO

E todas as artes e descobertas dos homens são devidas a você, Pluto; uns curtem o couro, outros trabalham o bronze, outros são carpinteiros, outros são ourives, e todos fazem tudo pelo dinheiro que você dá...

CARÍON

... aquele outro é assaltante noturno; outro pula muros...

CRÊMILO

... um pisa na ponta dos pés...

CARÍON

... outro limpa as peles...

CRÊMILO

... este é curtidor...

CARÍON

... aquele vende cebolas...

CRÊMILO

... outro, flagrado em adultério, é depilado se não oferecer dinheiro.

PLUTO

Ah! Infeliz de mim! E eu ignorava tudo isso há tanto tempo!...

CARÍON

E o Grande Rei[7], não é por causa do ouro que ele mostra tanta arrogância? E a Assembléia Popular[8], não é por causa do dinheiro que ela se reúne?

CRÊMILO

Me diga: não é você que equipa as naus de guerra atenienses?

CARÍON

Não é o dinheiro que mantém nossos soldados mercenários em Corinto? Não era por causa dele que Pânfilo esbravejava?[9]

CRÊMILO

E o vendedor de agulhas não era sócio de Pânfilo?

CARÍON

E não é por causa do dinheiro que Aguírrio vive peidando?[10]

CRÊMILO

Não é por causa dele que Filépsio inventa histórias? Não foi por sua causa, Pluto, que os atenienses fizeram uma aliança com os egípcios? E não é por você que Laís[11] ama Filonides?

CARÍON

E a torre de Timóteo?[12]

CRÊMILO

Tomara que ela desabe em cima de você, Pluto! E não é por sua causa que são feitos todos os negócios? Só você, sozíssimo, é a causa de tudo, dos males e dos bens; não tenha dúvidas!

CARÍON

Até na guerra, por exemplo, a vitória pende sempre para o lado que você apóia, só você e mais ninguém.

PLUTO

Será possível? Eu sozinho sou capaz de fazer tantas coisas?

CRÊMILO

Sim, e muitas outras ainda, de tal maneira que ninguém nunca acha que obteve bastante dinheiro de você. Os homens se saciam de tudo: de amor...

CARÍON

... de pão...

CRÊMILO

... de música...

CARÍON

... de comidas gostosas...

CRÊMILO

... de honrarias...

CARÍON

... de tortas...

CRÊMILO

... de glória...

CARÍON

... de figos secos...

CRÊMILO

... de ambição...

CARÍON

... de pão de cevada...

CRÊMILO

... de comandos militares...

CARÍON

... de purê de lentilhas...

CRÊMILO

Mas de você nunca ninguém acha que tem o bastante. Se alguém recebe treze talentos[13], deseja mais ardentemente receber dezesseis; se ganha dezesseis, logo quer quarenta, e pensa que não pode viver sem eles.

PLUTO

Vocês dois falam muito bem, na minha opinião; só uma coisa me dá medo.

CRÊMILO

Explique-se; de que você está falando?

PLUTO

Como eu posso me tornar senhor desse poder que na opinião de vocês me pertence?

CRÊMILO

Todo mundo diz que nada é mais medroso que a riqueza.

PLUTO

De jeito nenhum! Foi algum pulador de muros que me caluniou; ele entrou um dia em minha casa mas não encontrou nada para levar, pois tudo estava trancado a sete chaves, e chamou minha prudência de medo.

CRÊMILO

Não tenha medo de coisa alguma. Imagine que, se você se interessar por nossa proposta, eu lhe devolvo a visão mais penetrante que a de Linceu.[14]

PLUTO

E como você vai fazer isto, sendo apenas um mortal?

CRÊMILO

Tenho uma esperança muito forte, de acordo com o que me disse o próprio deus agitando o loureiro pítico[15].

PLUTO

Ele também conhece o segredo?

CRÊMILO

Com toda a certeza.

PLUTO

Tenha cuidado!

CRÊMILO

Não se preocupe com coisa nenhuma, meu amigão; é bom você saber que vou até o fim, mesmo que tenha de morrer.

CARÍON

Eu também, se você quiser.

CRÊMILO

E ainda muitos outros ajudarão a gente, todos aqueles que não têm pão embora sejam honestos.

PLUTO

Você está falando de ajudantes muito fracos...

CRÊMILO

Não, se eles todos se tornarem logo ricos.

Dirigindo-se a CARÍON.

Você aí, vá embora, saia já!

CARÍON

Diga o que eu devo fazer.

CRÊMILO

Chame nossos companheiros, os trabalhadores — você encontrará eles no campo, penando o tempo todo — e diga a eles que venham todos se juntar à gente para receberem também a parte deles nas dádivas de Pluto aqui presente.

CARÍON

Vou agora mesmo!

Mostrando uma panela a CRÊMILO.

Mas quem vai levar este pedaço de carne para casa?

CRÊMILO

Eu cuido disto. Acabe a conversa e vá correndo!

CARÍON *entrega a panela a* CRÊMILO *e sai correndo.*

E você, Pluto, o deus mais poderoso, entre aqui comigo. Esta é a casa que você hoje deve encher de riquezas por todos os meios, justos ou injustos!

PLUTO

Cada vez que eu entro numa casa estranha me aborreço, pois nada de bom ganho fazendo isto. Se é na casa de um avarento que por acaso entro, logo ele me esconde debaixo da terra; se um homem honesto e amigo vem pedir um dinheirinho de nada, ele muda de assunto dizendo que nunca me viu. Se é na casa de um esbanjador que por acaso eu entro, ele me lança às prostitutas e aos jogos de azar para acabar comigo, me pondo porta afora completamente nu em um instante.

CRÊMILO

Isso acontece porque você nunca encontrou um homem moderado. Pois eu sou um deles em quase tudo. Gosto de economizar como ninguém, para ter o que gastar quando for necessário. Mas vamos entrar. Quero apresentar você a minha mulher e a meu filho único, a criatura de quem mais gosto neste mundo... depois de você.

PLUTO

Acredito em você.

CRÊMILO

Por que eu não ia lhe dizer a verdade?

Entram CRÊMILO *e* PLUTO *na casa de* CRÊMILO. *Entra em cena o* CORO, *composto de camponeses, trazido por* CARÍON.

CARÍON

Dirigindo-se ao CORO.

Vocês, que tantas vezes comeram o mesmo alho que meu senhor, amigos e conterrâneos apaixonados pelo trabalho, venham depressa e se apresentem! Não é hora de demorar; vocês chegam no momento certo em que têm de estar aqui para nos ajudar.

CORIFEU

Você não viu que há muito tempo nós avançamos com entusiasmo, tanto quanto se pode esperar de homens cansados, envelhecidos? Mas talvez você ache bom que a gente corra, antes de nos dizer por que motivo seu senhor nos chamou para virmos até aqui.

CARÍON

Se eu não disse nada antes a culpa é de vocês, porque vocês não ouvem bem. Meu senhor garante que vocês vão viver dias felizes, livres de uma vida insossa e cheia de privações.

CORIFEU

Que negócio é esse, e de onde ele tirou o que disse?

CARÍON

Ele chegou aqui trazendo um velho sujo, corcunda, miserável, enrugado, careca, desdentado, e penso que até castrado.

CORIFEU

Afinal, de que é que você está falando? Anunciando ouro em palavras? Repita: você garante que ele veio com um montão de dinheiro?

CARÍON

Ao contrário, digo que ele veio com um montão de males da velhice.

CORIFEU

Por acaso você pensa que depois de fazer promessas gostosas vai sair daqui inteiro? Para que serve este porrete que eu tenho na mão?

CARÍON

Você acredita que a natureza fez de mim um vigarista, incapaz de dizer a verdade pelo menos uma vez?

CORIFEU

Que ar sério toma este mau-caráter! Mas as pernas dele gritam "ai, ai", reclamando correntes e cordas!

CARÍON

Por que a sorte não escolhe você para ir adivinhar num caixão de defunto, e não vai logo para o outro mundo? Caronte[16] já lhe ofereceu a senha para poder entrar no inferno?

CORIFEU

Tomara que você se dane! Você é um sem-vergonha e farsante por natureza, que tenta enganar a gente e ainda não tem coragem bastante para nos explicar coisa nenhuma, a nós que, depois de tantas canseiras, viemos cheios de coragem até aqui sem ter tempo a perder, passando por cima de tantos pés de alho!

CARÍON

Muito bem! Não quero mais esconder o que sei. Meu senhor, pessoal, trouxe Pluto para cá a fim de tornar todos vocês ricos!

CORIFEU

Será que a gente vai ficar mesmo rico?

CARÍON

Todos vocês vão ficar ricos, ou melhor, novos Midas[17].

À parte.

Se ficarem com orelhas de asno.

CORIFEU

Agora estou maravilhado, felicíssimo, querendo dançar de tanta satisfação, se você está falando realmente a verdade.

CARÍON

Quero justamente conduzir vocês, imitando o Cíclope e batendo com os dois pés no chão ao mesmo tempo,

Fazendo o gesto.

assim. Vamos! Coragem, meninos! Gritem sem parar depois de ouvir minhas palavras e, berrando cantos sobre carneiros e cabras malcheirosas, sigam com a cabeça do peru de fora, pois vocês vão ter uma festa de bodes!

CORIFEU

E nós, de nosso lado, berrando depois de surpreender o Cíclope que você é, todo sujo, levando um saco de legumes do campo ainda úmidos de orvalho, bêbedos, enquanto conduzimos nossos carneiros, e fazendo-o dormir tranqüilamente, vamos tentar furar seus olhos com um pedaço de pau em brasa.[18]

CARÍON

Mas eu vou fazer como Circe[19], aquela feiticeira que misturava drogas e que, recebendo os companheiros de... Filonides[20] certa vez em Corinto, levou-os como se fossem porcos para comerem merda amassada por ela mesma; vou imitar Circe de todas as maneiras. Quanto a vocês, grunhindo de gozo, sigam a sua mãe, porcos!

CORIFEU

Então você, a Circe que misturava drogas, faz suas feitiçarias e transforma em porcos nossos companheiros, nós agarraremos você e imitando em nossa alegria o filho de Laertes[21] penduraremos você pelos ovos e esfregaremos merda no seu nariz, como se você fosse um bode. E, como Arístilo, você dirá com a boca cheia de merda: "Sigam a mãe de vocês, porquinhos!"

CARÍON

Agora vamos; parem com as brincadeiras e procurem outro tipo de diversão. Quanto a mim, entrando na casa de Crêmilo quero tirar furtivamente de meu senhor um pedaço de pão e outro de carne, e ainda mastigando vou começar a agir.

CARÍON entra na casa de CRÊMILO.

CRÊMILO

Saindo de casa e dirigindo-se ao CORO.

Dizer "bom dia", meus conterrâneos, é coisa do passado e bobagem. Mas cumprimento vocês por terem vindo apressadamente, com os músculos bem esticados. Ajam de maneira a me acompanhar também em tudo mais e a ser realmente salvadores do deus que está aqui em casa.

CORIFEU

Confie em nós; você vai pensar que está vendo em mim o próprio Ares[22]. Seria uma vergonha a gente se amontoar na Assembléia Popular por três óbolos por dia de reunião e deixar que tirem de nós o próprio Pluto.[23]

Aproxima-se BLEPSÍDEMO.

CRÊMILO

Vejo neste momento exato Blepsídemo vindo ao nosso encontro. Pela pose e pressa dele, é claro que já ouviu falar no assunto.

Entra BLEPSÍDEMO.

BLEPSÍDEMO

Que foi que aconteceu? Onde e como Crêmilo ficou rico num instante? Não posso acreditar nisto, mas os fregueses das barbearias só falam na fortuna de nosso amigo. É de admirar que, agora que ele está rico, mande procurar os amigos. Aqui ninguém faz isso.

CRÊMILO

Está bem; vou falar sem esconder coisa nenhuma. Estamos indo melhor que ontem, Blepsídemo, e você pode participar, pois é um de meus amigos.

BLEPSÍDEMO

Você ficou mesmo rico, como dizem por aí?

CRÊMILO

Na verdade, vou ficar daqui a pouco, se um deus quiser, mas este negócio ainda não está perfeitamente garantido.

BLEPSÍDEMO

Que negócio?

CRÊMILO

É que...

BLEPSÍDEMO

Diga logo o que você tem a dizer!

CRÊMILO

Se tudo der certo, vamos ser felizes para o resto da vida, mas se houver um fracasso estamos... perdidos.

BLEPSÍDEMO

Isto me parece mutreta e não me agrada... Ficar rico demais assim de repente e ainda ter medo é história de alguém que fez alguma coisa ruim.

CRÊMILO

Como coisa ruim?

BLEPSÍDEMO

Quem sabe se você roubou ouro ou prata no templo do deus que foi consultar e agora está com remorso?

CRÊMILO

Essa não! Este não é o meu caso.

BLEPSÍDEMO

Poupe estes rodeios, meu caro; eu compreendo muito bem...

CRÊMILO

Não pense essas sujeiras a meu respeito!

BLEPSÍDEMO

É isto aí! Nenhum homem é perfeito. A vontade de ficar rico domina todo mundo.

CRÊMILO

Parece que você perdeu o juízo!

BLEPSÍDEMO

À parte.

Como as maneiras dele estão mudadas!

CRÊMILO

Você está falando sozinho como um maluco, homem!

BLEPSÍDEMO

À parte.

Até a aparência dele está mudada! É claro que ele deu algum golpe sujo!

CRÊMILO

Eu adivinho perfeitamente o seu sentimento; você imagina que eu furtei e quer receber a sua parte para ficar calado.

BLEPSÍDEMO

Eu, querendo receber a minha parte? De quê?

CRÊMILO

Não é nada disso! O caso é outro!

BLEPSÍDEMO

Será que em vez de furtar você roubou?

CRÊMILO

Um espírito mau baixou em você!

BLEPSÍDEMO

Então a verdade é que você não tomou nada de ninguém?

CRÊMILO

Não! De jeito nenhum!

BLEPSÍDEMO

Como vou me explicar? Não quero dizer a verdade.

CRÊMILO

E você me acusa antes de me ouvir.

BLEPSÍDEMO

Vamos resolver este caso com pouco dinheiro, meu caro, antes que a cidade fique sabendo de tudo; umas poucas moedas fecham a boca dos acusadores...

CRÊMILO

Sinceramente, parece que você quer gastar um dinheirinho para me cobrar muitas vezes mais como amigo...

BLEPSÍDEMO

Estou antevendo mais gente que vai se sentar na escada do tribunal com um ramo de oliveira em companhia dos filhinhos e da mulher, parecendo com os Heráclidas de Pânfilo[24].

CRÊMILO

Não é nada disto, retardado. Vou transformar agora em ricas somente as pessoas de bem, justas e sábias.

BLEPSÍDEMO

O quê? Será que você roubou tanto assim?

CRÊMILO

Isto é demais! Você vai provocar a minha morte!

BLEPSÍDEMO

Você mesmo se matará, segundo me parece.

CRÊMILO

É claro que não, mau-caráter, pois o próprio Pluto está comigo.

BLEPSÍDEMO

Pluto está com você? Que Pluto?

CRÊMILO

O deus da riqueza em pessoa!

BLEPSÍDEMO

E onde está ele?

CRÊMILO

Aqui na minha casa.

BLEPSÍDEMO

Onde mesmo?

CRÊMILO

Na minha casa!

BLEPSÍDEMO

Na sua casa?

CRÊMILO

Perfeitamente.

BLEPSÍDEMO

Por que você não vai para o inferno? Pluto está na sua casa?

CRÊMILO

Está sim.

BLEPSÍDEMO

Você fala mesmo a verdade?

CRÊMILO

É o que estou dizendo e repetindo.

BLEPSÍDEMO

Em nome da deusa?[25]

CRÊMILO

É mesmo, por Poseidon!

BLEPSÍDEMO

Você fala do Poseidon marítimo?

CRÊMILO

Se existe outro Poseidon, falo também do outro.

BLEPSÍDEMO

E por que você não manda Pluto para toda parte, para as casas de seus amigos?

CRÊMILO

As coisas ainda não chegaram a este ponto.

BLEPSÍDEMO

Como? Ainda não chegou a hora de partilhar as riquezas?

CRÊMILO

Ainda não, pois antes de mais nada é necessário...

BLEPSÍDEMO

O quê?

CRÊMILO

... que nós dois demos um jeito para ele voltar a enxergar.

BLEPSÍDEMO

Quem deve voltar a enxergar? Explique, homem!

CRÊMILO

Pluto, como já disse antes; e de qualquer maneira!

BLEPSÍDEMO

Ele está mesmo cego?

CRÊMILO

Está, sim.

BLEPSÍDEMO

Não é de admirar, então, que ele não tenha vindo à minha casa.

CRÊMILO

Mas agora ele vai, se isto for do agrado do deus.

BLEPSÍDEMO

Não é melhor chamar um médico para ele?

CRÊMILO

Que médico a gente vai encontrar agora na cidade? Onde não há dinheiro não há médicos.[26]

BLEPSÍDEMO

Olhando para os espectadores.

Vamos ver.

CRÊMILO

Olhando também.

Eu também não estou vendo nenhum para remédio.

BLEPSÍDEMO

É mesmo; parece que não há nenhum.

CRÊMILO

Diante disso penso que é melhor levar Pluto para se deitar no templo de Asclépio[27].

BLEPSÍDEMO

Esta é mesmo a melhor idéia. Não demore! Faça logo alguma coisa!

CRÊMILO

Já estou indo!

BLEPSÍDEMO

Vá mais depressa!

CRÊMILO

É isto mesmo que estou fazendo!

Ao sair, CRÊMILO encontra a POBREZA, coberta de andrajos. Ela pára diante de CRÊMILO e de BLEPSÍDEMO, que recuam assustados diante daquela aparição.

POBREZA

Vocês aí, homenzinhos de nada que se atrevem a cometer uma loucura, uma perversidade, para onde estão indo? Por que fogem? Não querem ficar aqui?

BLEPSÍDEMO

Que susto!

POBREZA

Vou matar vocês miseravelmente, miseráveis! Vocês se atrevem a praticar um ato intolerável, como nenhuma outra criatura se atreveu, nem homem, nem deus! Vocês estão perdidos!

CRÊMILO

Quem é você? Como você é pálida!

BLEPSÍDEMO

Ela é igual a uma Fúria de tragédia[28]. É mesmo! Ela tem o olhar desvairado e trágico!

CRÊMILO

Mas ela não é Fúria, pois não está com uma tocha nas mãos.[29]

BLEPSÍDEMO

Então ela vai chorar.

POBREZA

Quem vocês estão pensando que eu sou?

CRÊMILO

Uma quitandeira ou vendedora de ovos na rua. Se não fosse, não estava aí esbravejando assim contra nós, que não fizemos mal nenhum a você.

POBREZA

É mesmo? E querer me expulsar de todos os lugares não é o tratamento mais vexaminoso?

CRÊMILO

Mas ainda lhe resta o inferno[30]! Quem é você, afinal?

POBREZA

Sou aquela que punirá vocês ainda hoje, por tentarem acabar comigo.

BLEPSÍDEMO

Será a quitandeira de perto daqui, que sempre me engana no peso das coisas que eu compro?

POBREZA

Sou a Pobreza, que mora com vocês aqui há muito tempo.

BLEPSÍDEMO

Apolo e os outros deuses! Para onde vou fugir?

BLEPSÍDEMO sai correndo.

CRÊMILO

Que é que você está fazendo, animal covarde? Fique aqui perto de mim!

BLEPSÍDEMO

De jeito nenhum!

CRÊMILO

Você não fica? E nós, dois homens, vamos fugir diante de uma mulher?

BLEPSÍDEMO

Acontece que ela é a Pobreza, desastrado, o animal mais repelente produzido pela natureza em qualquer lugar.

CRÊMILO

Pare! Estou mandando! Pare!

BLEPSÍDEMO

Já disse que não paro de jeito nenhum!

CRÊMILO

Mas eu lhe digo que a gente praticaria o mais vergonhoso de todos os atos se deixasse o deus aqui entregue à sua própria sorte, fugindo para qualquer lugar com medo desta criatura sem resistir ao máximo.

BLEPSÍDEMO

Em que armas, em que forças nós podemos confiar? Existe alguma couraça ou algum escudo de que esta miserável não lance mão?

CRÊMILO

Fique tranqüilo; eu sei que o nosso deus, mesmo sozinho, vai se salvar de tudo que esta mulher fizer.

POBREZA

E vocês ainda se atrevem a resmungar, idiotas, quando foram surpreendidos em flagrante cometendo uma indignidade contra mim?

CRÊMILO

E você, merecedora do pior de todos os fins, por que vem até aqui insultar a gente, se não fizemos o menor dos males a você?

POBREZA

Então não é me fazer mal algum, na opinião de vocês, querer curar a cegueira de Pluto?

CRÊMILO

Como? Fazer bem a todos os homens e fazer mal a você?

POBREZA

E que bem vocês podem inventar para dar aos homens?

CRÊMILO

Que bem? Primeiro, expulsar você da Grécia.

POBREZA

Me expulsar? E que mal maior vocês pensam que podem fazer aos homens?

CRÊMILO

Qual? Desistir de curar Pluto e esquecê-lo.

POBREZA

Bonita frase! A propósito, antes de mais nada quero dizer quais são as minhas razões. Primeiro vou demonstrar que sou a causa única de todo o bem que acontece aos homens, e que vocês me devem a própria vida; se eu não provar isto, façam o que acharem melhor.

CRÊMILO

Você se atreve a falar assim comigo, criatura infame?

POBREZA

Me deixe explicar. Creio que posso demonstrar com a maior facilidade que você está redondamente enganado se pretende enriquecer os homens justos.

CRÊMILO

Ah! Porretes! Ah! Coleira de ferro![31] Vocês não vêm me ajudar?

POBREZA

Você não deve se queixar nem esbravejar antes de me ouvir.

CRÊMILO

E quem não tem vontade de esbravejar ouvindo as bobagens que você diz?

POBREZA

As pessoas sensatas.

CRÊMILO

E que pena vou pedir para castigar você, se você perder a causa?

POBREZA

A que você quiser.

CRÊMILO

Você agora falou bem.

POBREZA

E se vocês perderem a pena é a mesma.

CRÊMILO

Você acha que morrer vinte vezes é bastante?

BLEPSÍDEMO

Para ela é; para nós bastam duas.

POBREZA

Vocês têm de perder. Que razões justas vocês podem alegar contra mim?

CORIFEU

Então vamos começar a discussão. Agora vocês vão ter de falar muito bem

Apontando para a POBREZA.

para confundir esta aqui com boas réplicas. E não façam nenhuma concessão!

CRÊMILO

Na minha opinião todos concordam em reconhecer que é justo que as pessoas de bem devem ser felizes, e as más e hereges devem ter naturalmente a sorte contrária. Nós, desejando que seja assim, encontramos afinal um objetivo enobrecedor e generoso, válido em qualquer circunstância. De fato, se Pluto recuperar a visão e não andar mais dando topadas por aí pelo fato de ser cego, ele vai se juntar às pessoas de bem e nunca mais se afastará delas; dos homens maus e dos hereges, ao contrário, ele fugirá; sendo assim, todos vão passar a ser honestos — e naturalmente ricos — e respeitosos das coisas divinas.

Dirigindo-se à POBREZA.

Quem pode imaginar coisa melhor para os homens?

BLEPSÍDEMO

Ninguém — isto eu garanto. Agora não faça mais perguntas a ela.

CRÊMILO

De fato, considerando as condições presentes de vida para nós, criaturas humanas, quem não acharia que elas são uma loucura, ou melhor ainda, uma brincadeira de mau gosto de um gênio maligno? Na verdade, muitos homens sendo maus, são ricos à custa de bens acumulados injustamente; outros, ainda mais numerosos e gente de bem, são infelizes, passam fome e estão geralmente em sua companhia, Pobreza.

Dirigindo-se a BLEPSÍDEMO.

Declaro que se algum dia Pluto, recuperando a visão, der um jeito nesta situação, estará descoberto o meio de proporcionar aos homens os maiores benefícios.

POBREZA

Ah! De todos os homens os mais facilmente levados a perder o bom senso! Vocês, os velhotes, companheiros da loucura e da extravagância, se acontecesse o que vocês desejam garanto que não tirariam proveito disto. Se Pluto recuperasse a visão e repartisse tudo entre todos igualmente, não existiriam mais as profissões entre os homens, e ninguém mais se esforçaria, uma vez abolidas estas coisas por vocês. Quem vai querer ser ferreiro, construir navios, cozer, fazer carros, fazer calçados, ser pedreiro, lavador ou curtidor de couro? Quem haveria de querer lavrar a crosta dura desta terra para colher os frutos dela, se as pessoas pudessem viver sem fazer nada, sem se preocupar com tudo isso?

CRÊMILO

Você está dizendo tolices. Nossos escravos fariam todos esses trabalhos de que você falou.

POBREZA

Mas, como você vai comprar escravos?

CRÊMILO

Nós compraríamos todos que quiséssemos com nosso dinheiro.

POBREZA

Para início de conversa, quem iria ter o trabalho de vender escravos se todos tivessem dinheiro?

CRÊMILO

Algum vendedor ganancioso vindo da Tessália, região cheia de insaciáveis traficantes de escravos.

POBREZA

Continuando a falação, naturalmente não vai haver mais um só traficante de escravos, de acordo com a sua conversa fiada. Quem, depois de ficar rico, vai arriscar a vida neste negócio? Sendo assim, obrigado você mesmo a trabalhar, a lavrar a terra e fazer outras tarefas penosas, você vai levar uma vida muito mais dura que a de hoje.

CRÊMILO

Tomara que esses males caiam sobre sua cabeça!

POBREZA

Depois você nem vai poder dormir numa cama — não existirão mais estas coisas —, nem num tapete — quem vai tecer tapetes se tiver dinheiro? Depois, você não vai ter perfumes para pôr na sua noiva quando for levar a eleita do seu coração para sua casa, nem tecidos maravilhosos tingidos em cores variadas para enfeitar a moça. Então, que vantagem haveria em ser rico, se a gente ficasse privada de tudo isso? Graças a mim, ao contrário, vocês hoje podem comprar facilmente o que falta, pois eu, como uma patroa vigilante, forço o artesão, premido pela pobreza, a procurar meios de ganhar a vida.

CRÊMILO

Que bens você pode proporcionar além das queimaduras nas casas de banho[32], das crianças sofrendo com fome e das mulheres velhas? A quantidade de piolhos, mosquitos, pulgas — nem vou falar mais nisso —, que incomodam com suas picadas e seus zumbidos e acordam a gente dizendo: "Vamos! Levantem-se para ter fome!" Sim senhora, e, além dessas "delícias", ter para vestir um reles trapo, para leito uma esteira de palha cheia de percevejos que obrigam a ficar acordados aqueles que anseiam por dormir; para tapete uma esteira apodrecida, para travesseiro uma grande pedra; para comer, em vez de pão brotos de malva, e em vez de bolos folhas secas de rabanetes; para cadeira, um pote quebrado; para tábua de amassar pão o pedaço de uma armadura quebrada. Então, você quer continuar a falar da quantidade de bens que oferece aos homens?

POBREZA

A vida descrita por você não é a minha; é a dos mendigos de quem você zomba.

CRÊMILO

E como é que a gente chama a mendicância? Não é "irmã da pobreza"?

POBREZA

Sim, vocês, os mesmos que dizem que Dionísio é parecido com Trasíbulo[33]. Mas minha vida não é desse gênero, nem vai ser. A vida do mendigo de quem você fala consiste em viver sem nada ter; a do pobre, em viver poupando e se dedicando a seus afazeres, a não ter nada supérfluo sem que lhe falte o necessário.

CRÊMILO

Você descreve uma vida bem-aventurada: poupar e sofrer, sem deixar nem o dinheiro bastante para o enterro...

POBREZA

Você tenta ser engraçado e me ridicularizar, sem cuidar de ser sério. Você não sabe que, mais que Pluto, eu dou aos homens a superioridade de corpo e de espírito. Com ele os homens sofrem de gota, são barrigudos, insolentemente gordos; comigo eles são esbeltos, com um corpo de vespa, e temidos pelos inimigos.

CRÊMILO

Sem dúvida é pela fome que você impõe a eles esse corpo de vespa...

POBREZA

Agora passo à saúde moral e vou ensinar a vocês que a decência mora comigo e a falta de vergonha com Pluto.

CRÊMILO

E é perfeitamente decente roubar e abrir buracos em muros...

BLEPSÍDEMO

É claro, pois se nos escondemos entre muros provamos que somos modestos.

POBREZA

Veja os políticos na cidade. Enquanto são pobres são honestos diante do povo e do Estado, mas quando ficam ricos à custa do dinheiro público, logo se tornam os mais desonestos, conspiram contra o povo e passam a combater a democracia.

CRÊMILO

Ao menos nisto você não mente em uma única palavra, embora sua língua seja ferina; mas nem por isso você vai se arrepender menos — você não tem razões para ser arrogante — por tentar nos convencer de que a pobreza vale mais que a riqueza.

POBREZA

Quanto a isto, você não pode me desmentir; você diz bobagens e bate asas fugindo de mim.

CRÊMILO

E por que razão todos tentam fugir de você?

POBREZA

É porque eu torno vocês melhores. Isto pode ser visto principalmente nas crianças: elas se rebelam contra os pais, que só querem o bem delas (mesmo para os adultos é difícil distinguir o que é justo!).

CRÊMILO

E Zeus? Você vai dizer que ele não sabe distinguir o que é melhor? Ele também prefere a riqueza.

BLEPSÍDEMO

Ele manda você para nós...

POBREZA

Vocês, que ficam cegos de espírito por causa de uma remela no tempo de Cronos[34], fiquem sabendo que Zeus é naturalmente pobre, e vou provar cabalmente o que estou dizendo. Se ele fosse rico, como, quando ele mesmo instituiu os Jogos Olímpicos durante os quais se reúne toda a Grécia de quatro em quatro anos, proclamando os atletas vencedores, ele concederia aos melhores uma simples coroa de oliveira selvagem? Se ele fosse rico a coroa tinha de ser de ouro.

CRÊMILO

Mas assim ele demonstra perfeitamente que gosta da riqueza. Ele poupa e não quer gastá-la; põe umas folhinhas, umas bobagens na cabeça dos vencedores, e guarda o ouro para si mesmo...

POBREZA

Muito mais vergonhoso que a pobreza é o procedimento que você tenta atribuir a Zeus se, embora rico, ele é tão mesquinho e pão-duro.

CRÊMILO

Tomara que Zeus mate você depois de lhe dar uma coroa de folhas de oliveira!...

POBREZA

E dizer que vocês se atrevem a negar que todos os bens chegam aos homens pelas mãos da Pobreza!

CRÊMILO

É a Hecate[35] que se pode perguntar o que vale mais — ser rico ou ser pobre. Ela quer que os detentores de posses e os ricos tragam mensalmente para ela uma refeição, que os pobres levam logo depois de oferecida. Agora dane-se! Não digo mais nem uma palavrinha! Você não vai me convencer, ainda que me convença!

POBREZA

"Cidade de Argos! Estás ouvindo o que ele diz?"[36]

CRÊMILO

Invoco Páuson[37], seu companheiro de mesa.

POBREZA

Que será de mim, desta infeliz?[38]

CRÊMILO

Vá para o inferno, para bem longe de nós, e já!

POBREZA

Para que lugar da terra eu posso ir?

CRÊMILO

Vá pôr uma coleira de ferro no pescoço[39] imediatamente! Vamos acabar com este papo furado!

POBREZA

Com certeza vocês vão me chamar de volta um dia!

Retira-se desarvorada a POBREZA, *aos gritos.*

CRÊMILO

Depois você volta. Agora dane-se! É melhor para mim ser rico, embora tenha de ouvir você dar longos gritos batendo na cabeça com as mãos.

BLEPSÍDEMO

E eu quero ser rico para me tratar bem e a meus filhos e a minha mulher, e para poder, quando sair do banheiro, reluzente de limpeza, peidar no nariz dos trabalhadores e da Pobreza!

CRÊMILO

Estamos livres dela; a peste foi embora. Vamos o mais depressa possível, eu e você, levar Pluto para se deitar no templo de Asclépio[40].

BLEPSÍDEMO

Vamos já, para evitar que alguém impeça a gente de tomar algumas medidas necessárias.

CRÊMILO

Chamando à porta de sua casa.

Caríon, meu rapaz, saia debaixo dos cobertores e leve Pluto com tudo o que está preparado aí dentro, de acordo com as cerimônias de costume.

CARÍON sai de casa trazendo um embrulho e conduzindo PLUTO pela mão. Todos seguem com ele.

CARÍON

Velhos, que tantas vezes nas festas de Teseu[41] tinham de se contentar com o pão molhado na sopa e comer mal, como a vida de vocês mudou! Como vocês têm sorte, vocês e todas as outras pessoas honestas!

Depois de algum tempo voltam CARÍON e PLUTO.

CORIFEU

Dirigindo-se a CARÍON, que voltava com PLUTO.

Que vem anunciar você, grande homem, a respeito de seus amigos? Parece que está trazendo uma boa notícia.

CARÍON

Meu senhor está nos píncaros da felicidade, e o próprio Pluto ainda mais que ele. De cego que era ele agora enxerga muito bem, e seus olhos estão brilhantes graças às artes e à bondade de Asclépio.

CORIFEU

Você fala de coisas alegres, ou melhor, grita!

CARÍON

Há razões para tanta alegria, queiram ou não vocês.

CORIFEU

Vou festejar o digno filho de um pai divino, a luz resplandecente para os homens, Asclépio!

Aparece a MULHER DE CRÊMILO saindo de casa.

MULHER DE CRÊMILO

Que querem dizer estes gritos? É alguma boa notícia? Eu estava há muito tempo sentada dentro de casa, esperando ansiosamente este homem!

CARÍON

Depressa! Vá buscar vinho depressa, patroa, para que a senhora também beba.

À parte.

Aliás, você faz isto sempre com muito prazer, e agora temos todos os bens ao mesmo tempo...

MULHER DE CRÊMILO

E onde estão eles?

CARÍON

Na minha boca; você vai já saber.

MULHER DE CRÊMILO

Então diga tudo que quer dizer e vá embora.

CARÍON

Ouça bem; eu vou revelar as coisas desde os pés até a cabeça.

MULHER DE CRÊMILO

Não! Não me fale em nada "até a cabeça"!

CARÍON

Nem nas boas coisas que estão acontecendo?

MULHER DE CRÊMILO

Principalmente nas "coisas"...

CARÍON

Logo que a gente chegou perto do deus, conduzindo o velho até então todo ruim e agora bom e feliz, se algum dia algum homem chegou a tanto, a gente levou ele primeiro para uma fonte de água salgada e depois todo mundo tomou banho.

MULHER DE CRÊMILO

O velho devia estar feliz, sendo lavado em água salgada e fria...

CARÍON

Aí a gente entrou no santuário do deus. Depois da consagração dos bolos e das oferendas num altar, e de tudo ser consumido pelas chamas de Hefesto[42], a gente obrigou Pluto a se deitar, como tem de ser feito, e cada um de nós preparou uma cama de folhas.

MULHER DE CRÊMILO

Tinha ainda outros homens fazendo preces ao deus?

CARÍON

Tinha, sim, principalmente um tal de Neoclides[43], que embora seja cego, na hora de roubar enxerga mais que todos os que vêem; tinha muita gente com tudo quanto era doença. Depois de apagar as luzes o sacerdote do deus mandou a gente dormir, dando ordem a todo mundo para fazer silêncio, e então a gente se deitou e ficou quietinho. Eu não consegui dormir. Uma panela cheia de sopa posta perto da cabeça de uma velhinha me deixou maluco, e eu senti um piedoso desejo de ir até onde ela estava; aí o sacerdote, levantando os olhos, surrupiou uns bolos redondos e uns figos secos da mesa sagrada; aí ele visitou todos os altares para ver se por acaso algum bolo tinha sido esquecido; aí ele consagrou todos os bolos e botou eles numa sacola. Eu, então, convencido da santidade de meu ato, me levantei para ir apanhar a panela de sopa.

MULHER DE CRÊMILO

Você não teve medo do deus, trapalhão?

CARÍON

Sim; eu tive medo de que ele chegasse antes de mim ao lugar onde estava a panela, pois o sacerdote deu o bom exemplo. Ouvindo o barulho que eu fiz, uma velhinha levantou o braço para pegar a panela, aí eu assobiei e mordi o braço dela, como se fosse uma serpente se enroscando[44]. Mas ela puxou depressa o braço e se deitou depois de se enrolar em cobertas, tremendo de medo e soltando um peido mais fedorento que o de um gato. Aí eu devorei a sopa quase toda, e quando me senti empanturrado descansei.

MULHER DE CRÊMILO

E o deus não apareceu a vocês?

CARÍON

Até aquele momento não; depois eu fiz uma coisa que me deu muito prazer: quando ele se aproximou soltei um peido estrondoso, pois meu estômago estava estufado.

MULHER DE CRÊMILO

Ele deve ter ficado aborrecido com você naquela hora.

CARÍON

Mas Iasó[45], que seguia o sacerdote de perto, ficou ruborizada, e Panacéia desviou a cabeça e apertou o nariz (é natural, pois eu não peido incenso).

MULHER DE CRÊMILO

E o próprio deus?

CARÍON

Ele nem ligou.

MULHER DE CRÊMILO

Então esse deus de quem você está falando é um grosso.

CARÍON

Não, mas ele gosta de merda.[46]

MULHER DE CRÊMILO

Você é mesmo um trapalhão.

CARÍON

Aí eu me enrolei nas cobertas, com medo, enquanto o deus fazia a ronda examinando todos os casos com a maior atenção. Depois um rapaz botou perto dele uma bacia de pedra, um pilão também de pedra e uma caixinha.

MULHER DE CRÊMILO

De pedra também?

CARÍON

Não; a caixinha não.

MULHER DE CRÊMILO

E como você podia ver tudo aquilo, trapalhão, se você disse que estava enrolado na coberta?

CARÍON

Pelos buracos dela, que eram muitos. Antes de mais nada ele começou a preparar um ungüento como remédio para Neoclides: ele jogou na bacia três cabeças de alho, e esmagou o alho junto com resina de figueira e aroeira; aí ele misturou tudo com vinagre e encheu com aquilo os olhos do doente, que se enroscava por causa da dor terrível. Urrando e gritando, Neoclides quis fugir e pulou, mas o deus disse a ele rindo: "Fique aí quietinho com seu ungüento; de agora em diante não vou deixar mais você fazer juramentos invocando como testemunhas as Assembléias Populares."

MULHER DE CRÊMILO

O deus é realmente muito amigo da cidade e sabe muito bem das coisas!

CARÍON

Depois ele se sentou outra vez perto de Pluto e primeiro apalpou a cabeça dele; aí, com um pano apropriado limpou em volta das pálpebras dele. Panacéia cobriu a cabeça e todo o rosto dele com um véu cor de púrpura. Aí o deus assobiou e vieram correndo do fundo do templo duas serpentes que não tinham mais tamanho.

MULHER DE CRÊMILO

Deuses amigos!

CARÍON

Levantando devagarzinho o véu cor de púrpura, elas começaram a lamber em volta das pálpebras de Pluto — pelo menos esta era a minha impressão —, e em menos tempo do que você gasta para esvaziar duas jarras de vinho, patroa, Pluto estava em pé e enxergando bem. Eu bati palmas, de tão alegre, e despertei o meu senhor. Asclépio desapareceu num instante com as serpentes no meio do templo. Você não pode imaginar como as pessoas que estavam deitadas perto de Pluto abraçavam ele (elas ficaram acordadas durante toda noite até o dia amanhecer).

Quanto a mim, eu não parava de agradecer a Asclépio por ter devolvido a visão a Pluto com tanta rapidez e aumentado a cegueira de Neoclides.

MULHER DE CRÊMILO

Que poderes ele possui! Mas me diga onde está Pluto.

CARÍON

Ele já vem aí, cercado por uma multidão. Aqueles que eram justos e viviam de pouca coisa abraçavam e seguravam ele, pirados de alegria, enquanto os ricos que deviam suas grandes fortunas à injustiça franziam a testa e estavam com o olhar sombrio. Outros seguiam ele com a cabeça coroada, rindo e bendizendo Pluto. O chão reboava com os passos dos velhos marchando cadenciadamente. Vamos também, todos juntos, sem distinção, dançar fazendo coros, pois ninguém vai dizer que não tem farinha no saco quando voltar ao lar.

MULHER DE CRÊMILO

Eu também quero enfeitar você com coroas de bolinhos pela boa notícia, Caríon, você que foi o portador desta mensagem!

CARÍON

Então não demore, pois todo mundo já está perto de nossa porta.

MULHER DE CRÊMILO

Vamos mais depressa! Eu vou entrar para preparar presentes de boas-vindas para os olhos dele, como se faz com os escravos comprados há pouco tempo.

A MULHER DE CRÊMILO entra em sua casa.

CARÍON

Dirigindo-se aos espectadores enquanto saía.

Eu quero ir ao encontro deles!

Entra PLUTO.

PLUTO

Antes de mais nada quero adorar o sol; em seguida o solo ilustre da divina Atenas e toda a terra de Cêcrops[47] que me acolheu. Tenho vergonha de meus infortúnios pensando nos homens com quem convivia em minha ignorância, enquanto evitava, sem saber, aqueles que eram dignos de minha presença. Como eu era infeliz! E como eu procedia mal com uns e outros! Mas repararei o meu erro com uma conduta completamente diferente, e de hoje em diante mostrarei a todos os homens que eu me juntava aos maus contrariando a minha natureza.

Entra CRÊMILO, vendo alguns intrusos.

CRÊMILO

Vão todos para o inferno! Como são chatos esses amigos que aparecem de repente quando tudo vai bem! Eles nos atormentam e chutam nossas canelas, cada um querendo dar demonstrações maiores de benevolência. De fato, quem ainda não veio me cumprimentar? E a multidão de velhos que me cercou na praça?

A MULHER DE CRÊMILO, trazendo frutas, sai de sua casa quando o marido está chegando com PLUTO.

MULHER DE CRÊMILO

Dirigindo-se a CRÊMILO.

Ah! Homem mais querido de todos!

Dirigindo-se a CRÊMILO e a PLUTO.

Salve os dois, você e você!

Dirigindo-se somente a PLUTO.

De acordo com o costume, jogo em vocês estes presentes de boas-vindas!

PLUTO

De jeito nenhum! Quando entro em sua casa pela primeira vez depois de haver recuperado a visão, convém que não receba coisa alguma e, ao contrário, ofereça.

MULHER DE CRÊMILO

Então você não aceita estes presentes?

PLUTO

Aceito, mas somente lá dentro, perto da lareira, de acordo com a tradição.

Dirigindo-se aos espectadores.

Assim evitamos a acusação de vulgaridade. De fato, não convém ao poeta cômico mandar jogar nos espectadores figos secos e outras comidinhas, esperando forçar a platéia a rir.

MULHER DE CRÊMILO

Você apresenta boas razões; ali está Dexínico[48] levantando-se para apanhar os figos.

Entram todos na casa de CRÊMILO. Logo após sai CARÍON.

CARÍON

Dirigindo-se ao CORO.

Como é bom ser feliz, gente, principalmente quando não se tem de gastar coisa nenhuma do que é nosso! Todos os bens caem sobre nossa casa sem que a gente nada tenha feito de desonesto. É uma coisa doce ser rico a este preço. A despensa está cheia de farinha branquinha, as ânforas estão cheias de vinho escuro e perfumado; todos os móveis estão cheios de ouro e prata, uma coisa maravilhosa, enfim! Nosso celeiro está abarrotado de azeite de oliveira, os vidrinhos estão cheios de perfumes até o gargalo, o sótão está cheio de figos secos; todos os depósitos de vinagre, todos os pratos e panelas, agora são de bronze; nossos velhos pratos de barro rachados, onde a gente punha peixe, passaram a ser de prata, como vocês podem ver. Nossa lanterna num instante transformou-se numa coisa preciosa de marfim. É com moedas de ouro que nós, os escravos, jogamos agora cara ou coroa. Não nos esfregamos mais com hastes de alho, e sim com esponjas muito macias. E agora o dono da casa, com a cabeça coroada, sacrifica lá dentro um leitão, um bode e um carneiro. A fumaça do sacrifício me obriga a sair; eu não podia mais agüentar, pois ela agora irrita meus olhos.

Entra um HOMEM JUSTO seguido por um menino que traz um manto e um par de sandálias.

HOMEM JUSTO

Me siga, menininho! Vamos ver o deus!

CARÍON

Ei! Você aí! Quem está chegando?

HOMEM JUSTO

Um homem antes pobre e agora feliz.

CARÍON

Você parece ser do número dos homens de bem.

HOMEM JUSTO

Sem a menor dúvida!

CARÍON

De que você está sentindo falta?

HOMEM JUSTO

Vim dar graças ao deus, pois ele me encheu de bens. Como herdei de meu pai uma fortuna muito grande, ajudei meus amigos necessitados; eu gostava de melhorar a vida deles.

CARÍON

Aí o dinheiro começou a faltar.

HOMEM JUSTO

Exatamente.

CARÍON

E por causa disso você ficou muito pobre.

HOMEM JUSTO

Exatamente. Eu pensava que aqueles a quem fiz bem nos dias de indigência deles iam ser para mim amigos realmente certos se eu um dia me tornasse necessitado.Mas eles se desviavam de mim e fingiam que não me viam quando cruzavam comigo na rua.

CARÍON

E além disso eu tenho certeza de que eles zombavam de você.

HOMEM JUSTO

E como! Meu cofre se esvaziou e isto foi a minha perdição. Agora vim até aqui à procura do deus para render homenagens a ele.

CARÍON

Mas, que quer dizer este manto velho que o menino vem carregando atrás de você? Me explique!

HOMEM JUSTO

Trago o manto para consagrá-lo ao deus.

CARÍON

Por acaso você foi iniciado nos grandes mistérios[49] vestindo este manto?

HOMEM JUSTO

Não, mas tremi de frio durante treze anos com ele.

CARÍON

E estas sandálias?

HOMEM JUSTO

Elas também sofreram no inverno comigo.

CARÍON

E você traz elas também como oferenda ao deus?

HOMEM JUSTO

Trago, sim.

CARÍON

Grandes presentes estes que você vem trazendo ao deus!

Entra um SICOFANTE[50] com uma testemunha.

SICOFANTE

Sem ver CARÍON.

Ai de mim! Como sou infeliz! Estou... perdido, desgraçado! Ai! Três vezes, quatro, cinco, doze, dez mil vezes infeliz! Ai! Ai! Quantos males um deus lança sobre mim!

CARÍON

Apolo salvador e deuses amigos! Que desgraça aconteceu a este homem?

SICOFANTE

Percebendo CARÍON.

Não é terrível o que me acontece agora? Perdi tudo que tinha em minha casa por causa deste deus! Ah! Tomara que ele volte a ser cego, se ainda há justiça no mundo!

HOMEM JUSTO

Dirigindo-se a CARÍON.

Acho que estou percebendo a situação. Trata-se de um homem arruinado; pelo jeito ele não é grande coisa.

CARÍON

E não é mesmo; ele mereceu a sorte que teve.

SICOFANTE

Onde? Onde está esse deus que prometia riqueza para todos nós imediatamente, se recuperasse a visão? Em vez disso ele me arruinou e arruinou os meus colegas!

CARÍON

Mas quem foi tratado assim por ele?

SICOFANTE

Eu, que você está vendo aqui.

CARÍON

Então você era um mau-caráter, um ladrão?

SICOFANTE

Não! São vocês dois que não valem nada, e é impossível que vocês não estejam com o meu dinheiro!

CARÍON

Com que violência entrou aqui este sicofante! É claro que ele sofre de fome insaciável!

SICOFANTE

Vá já para a praça pública! Não demore! Lá você sofrerá o suplício da roda para confessar suas patifarias!

CARÍON

Ameaçando espancar o SICOFANTE.

Maldito seja você!

HOMEM JUSTO

Quanto reconhecimento este deus terá de todos os gregos se exterminar completamente os sicofantes, esses nojentos!

SICOFANTE

Ah! Infeliz de mim! Você está se juntando a ele para zombar de mim?

Aproximando-se do HOMEM JUSTO.

Aliás, onde você conseguiu esta roupa nova que está vestindo? Ontem vi você com uma roupa velha.

HOMEM JUSTO

E eu estou peidando para você.

Mostrando um anel.

Estou usando este anel, comprado a Êudemo por um dracma.

CARÍON

Mas ninguém pode comprar uma garantia contra as "mordidas" de um sicofante.

SICOFANTE

Isto não é o máximo em matéria de insulto? Vocês dois estão zombando de mim, mas não explicam o que estão fazendo aqui. De vocês não se pode esperar nada de bom.

CARÍON

Nada de bom para você; tenha certeza!

SICOFANTE

Sem dúvida vocês vão jantar à minha custa.

HOMEM JUSTO

Tomara que você e sua testemunha morram de fome!

CARÍON

É isto mesmo! E com a barriga completamente vazia!

SICOFANTE

Vocês negam? Lá dentro, bandidos, têm muito peixe e carne assada.

Farejando o ar.

Hum! Hum!

CARÍON

Você está farejando alguma coisa, mau-caráter?

HOMEM JUSTO

Ele está, sim; talvez o frio.

SICOFANTE

Vou ter de suportar os insultos destes dois? Que indignidade! Eu, um homem de bem e um patriota, sendo maltratado desta maneira!

HOMEM JUSTO

Você, patriota e homem de bem?

SICOFANTE

Sim, e como nenhum outro homem!

HOMEM JUSTO

Então vou interrogar você. Responda!

SICOFANTE

Sobre que assunto?

HOMEM JUSTO

Você é um trabalhador?

SICOFANTE

Você pensa que sou louco?

HOMEM JUSTO

Então é um negociante?

SICOFANTE

Sou, sim; pelo menos passo por negociante quando me convém.

HOMEM JUSTO

O que é você, afinal? Você aprendeu algum ofício?

SICOFANTE

Ofício? Eu? Não!

HOMEM JUSTO

Como você vivia, e de quê, se você não faz nada?

SICOFANTE

Fiscalizo os assuntos de Estado e os assuntos privados, todos eles.

HOMEM JUSTO

Você? Para quê?

SICOFANTE

Porque quero.

HOMEM JUSTO

Como você seria um homem de bem, mau-caráter, se, intrometendo-se em tudo sem ser chamado por ninguém, você se torna odioso a todo mundo?

SICOFANTE

Não me compete servir à minha cidade, imbecil, tanto quanto está a meu alcance?

HOMEM JUSTO

Você chama servir à cidade intrometer-se em tudo?

SICOFANTE

Você estaria mais perto da verdade se dissesse que zelo pelo cumprimento das leis em vigor, impedindo que elas sejam violadas.

HOMEM JUSTO

E não existem juízes incumbidos expressamente dessas funções pela cidade?

SICOFANTE

E quem faz as denúncias?

HOMEM JUSTO

Qualquer pessoa que tome conhecimento das violações.

SICOFANTE

Então eu sou esta pessoa. E sendo assim, sou incumbido dos assuntos de Estado.

HOMEM JUSTO

Que mau patrono eles têm em você! Mas você não acha melhor viver tranqüilamente, sem fazer nada?

SICOFANTE

Mas isto de que você fala é uma existência de animal, sem ter uma ocupação qualquer na vida.

HOMEM JUSTO

E você não gostaria de aprender outra coisa qualquer?

SICOFANTE

Nem se você me desse o próprio Pluto e o sílfio de Batos[51]!

CARÍON

Dirigindo-se ao SICOFANTE.

Tire já a sua roupa!

O SICOFANTE não se move.

HOMEM JUSTO

Você aí! É com você que ele está falando!

CARÍON

Depois tire as sandálias!

O SICOFANTE continua imóvel.

HOMEM JUSTO

Ele está dizendo tudo isto a você, mau-caráter!

SICOFANTE

Então, atreva-se qualquer dos dois a chegar perto de mim!

CARÍON

Muito bem! Eu me aproximo!

CARÍON tira o manto e as sandálias do SICOFANTE. A testemunha sai correndo.

SICOFANTE

Vocês tiraram minhas sandálias em pleno dia, malditos!

CARÍON

Porque você acha bom viver se metendo nos assuntos dos outros.

SICOFANTE

Pretendendo falar com sua testemunha.

Você viu o que ele fez? Você vai ser a minha testemunha!

CARÍON

Mas a testemunha profissional que você trouxe fugiu.

SICOFANTE

Ai de mim! Estou lutando sozinho contra tudo e contra todos!

CARÍON

Agora você está gritando?

SICOFANTE

Ai de mim mais uma vez!

CARÍON

Dirigindo-se ao HOMEM JUSTO.

Me dê seu manto para eu cobrir o Sicofante.

HOMEM JUSTO

Não posso dar; o manto foi consagrado ao deus há muito tempo.

CARÍON

Mas onde o velho manto estaria melhor consagrado que nos ombros deste cretino e mau-caráter? Quanto a Pluto, é preferível prestar homenagens a ele com mantos maravilhosos.

CARÍON põe o velho manto do HOMEM JUSTO nos ombros do SICOFANTE.

HOMEM JUSTO

E o que vamos fazer com as sandálias dele? Diga!

CARÍON

Vou pendurar elas na cabeça dele agora mesmo, como se ele fosse uma oliveira selvagem.

SICOFANTE

Eu vou embora daqui, pois noto que sou muito mais fraco que vocês dois. Mas se eu achar um companheiro, ainda que seja uma figueira, vou fazer com que este deus poderoso sofra hoje o castigo merecido, pois ele virou de pernas para o ar a democracia sem consultar nem o Senado nem a Assembléia Popular!

O SICOFANTE sai correndo.

HOMEM JUSTO

Dirigindo-se ao SICOFANTE que corria.

Agora, que você saiu levando minha armadura[52], vá aos banhos públicos e lá, como primeiro da fila, aqueça-se. Até há pouco tempo eu também ocupava esse lugar.[53]

CARÍON

Dirigindo-se também ao SICOFANTE.

Mas o administrador dos banhos arrastará você para fora, te segurando pelo saco. Basta olhar você para perceber que se trata de um mau elemento.

Dirigindo-se ao HOMEM JUSTO.

Quanto a nós, vamos entrar, para você dirigir suas preces ao deus.

Os dois entram em casa. Entra em cena uma VELHA *vestida berrantemente, seguida por uma escrava trazendo um prato coberto.*

VELHA

Dirigindo-se ao CORO.

Chegamos realmente à morada do novo deus, queridos velhinhos, ou viemos por um caminho errado?

CORIFEU

Fique sabendo, mocinha, que você chegou à porta da casa dele. Você se orientou direitinho.

VELHA

Vamos chamar alguém da casa.

Sai da casa CRÊMILO.

CRÊMILO

Dirigindo-se à VELHA.

Não precisa chamar, pois eu mesmo estou saindo, mas me diga o motivo de sua vinda até aqui.

VELHA

Aconteceram comigo coisas horríveis e injustas, amigão. Depois que esse deus recuperou a visão a minha vida se tornou um inferno!

CRÊMILO

Qual é o caso? Não me diga que você é uma sicofanta!

VELHA

Eu? De jeito nenhum!

CRÊMILO

Então você estava bebendo em uma assembléia de mulheres antes da sua vez?

VELHA

Você está gracejando. Estou com o coração magoado! Coitadinha de mim!

CRÊMILO

Você vai dizer qual é essa mágoa?

VELHA

Então ouça. Eu tinha um amiguinho jovem, pobre, é verdade, mas bonitão, gentil e honesto. Quando eu necessitava daquela coisa, ele fazia tudo para me satisfazer na mesma hora, e carinhosamente. De minha parte eu fazia tudo por ele.

CRÊMILO

E quanto ele pedia a você de cada vez?

VELHA

Não era muito, pois neste ponto ele era até cerimonioso comigo; às vezes ele me pedia algum dinheiro para comprar um manto, e mais um pouco para comprar sandálias novas. Para as irmãs ele pedia de vez em quando dinheiro para comprar uma tunicazinha, um mantozinho para a mãe dele; às vezes ele estava precisando de quatro canecos de trigo...

CRÊMILO

É mesmo; tudo isso que você me disse é pouca coisa... A gente vê que ele usava você moderadamente...

VELHA

E não era por exploração que ele fazia esses pedidos, e sim por amizade, dizia ele, para que o manto dado por mim, quando ele vestia, fizesse com que o meu amiguinho se lembrasse de mim.

CRÊMILO

É... Você está falando de um homem muito apaixonado...

VELHA

Mas agora o ingrato já não é o mesmo para mim; ele mudou completamente. Eu mandei para ele um bolo e mais umas comidinhas no prato que está nas mãos da escrava, para ele perceber que eu ia encontrar com ele à noite...

A VELHA começa a chorar.

CRÊMILO

Que fez o rapaz? Vamos! Diga!

VELHA

Ele me devolveu tudo, mandando ainda um bolo de leite que está também no prato, com a condição de que eu não fosse mais me encontrar com ele. Além disso, ele me disse quando devolveu tudo no prato: "Você já não é mais aquela."[54]

CRÊMILO

Quanto ao caráter, evidentemente ele não era um mau rapaz... Agora, que ele está rico, não gosta mais de lentilhas; antes, quando era pobre, ele comia qualquer coisa.

VELHA

É isso aí... Antes não passava um único dia sem que ele viesse bater à minha porta muitas vezes.

CRÊMILO

Para saber se tinha chegado a hora de seu enterro?

VELHA

Não! Ele só queria ouvir a minha voz...

CRÊMILO

À parte.

... oferecendo dinheiro a ele...

VELHA

Se ele me via triste, me chamava carinhosamente de "minha patinha", de "minha pombinha"...

CRÊMILO

À parte.

... antes de pedir sandálias novas a você...

VELHA

Certa vez, na celebração dos Grandes Mistérios, alguém me olhou no carro onde eu estava; por causa disso apanhei durante todo o percurso da procissão, tão forte era o amor do meu rapaz!...

CRÊMILO

À parte.

Sem dúvida era porque ele não gostava de comer sozinho.

VELHA

E ele dizia que as minhas mãos eram lindas...

CRÊMILO

À parte.

Sim, quando davam dinheiro a ele...

VELHA

... e que o perfume de minha pele era tão suave...

CRÊMILO

À parte.

Se você tivesse posto na taça dele vinho de Tasos[55], naturalmente...

VELHA

... e que meu olhar era doce e uma beleza...

CRÊMILO

À parte.

O rapaz não tinha nada de tolo; ele queria devorar os bens da velha fogosa.

VELHA

Foi nisto, queridinho, que o deus não agiu bem, ele, que pretendia ajudar as vítimas da injustiça.

CRÊMILO

Que deseja você que ele faça? Diga que ele faz.

VELHA

É justo obrigar alguém que recebeu tantos benefícios de mim a restituir o meu dinheiro. Ou é justo que eu tenha perdido tudo por causa dele?

CRÊMILO

Ora! Ele não lhe retribuía todas as noites?

VELHA

Mas ele prometia que nunca me abandonaria, enquanto eu vivesse!

CRÊMILO

Muito bonito, mas agora ele pensa que você não está mais viva...

VELHA

De fato, querido, a amargura está me consumindo.

CRÊMILO

À parte.

É... Parece que você já era...

VELHA

Agora estou tão magra que podia passar por dentro de um anel...

CRÊMILO

É, sim, se o anel fosse o furo de uma peneira fina...

Entra o RAPAZ, com uma coroa de flores na cabeça e trazendo nas mãos uma tocha, como se viesse de uma festa e parecendo ébrio.

VELHA

Aqui está o próprio rapaz, aquele mesmo que estou acusando! Parece que ele está indo para uma festa!

CRÊMILO

Parece, sim; ao menos ele está vindo com uma coroa e uma tocha.

RAPAZ

Dirigindo-se à VELHA.

Oi...

VELHA

Que disse ele?

RAPAZ

... minha velha amiga... Seus cabelos ficaram brancos muito depressa...

VELHA

Ai! Como sou infeliz! Ser ofendida assim!...

CRÊMILO

Parece que ele não vê você há muito tempo.

VELHA

Há muito tempo como? Ontem ele esteve comigo!

CRÊMILO

Então acontece com ele o contrário do que ocorre com a maioria das pessoas: o porre torna mais penetrante a visão dele...

VELHA

Não é nada disto; agora ele é sempre impertinente; faz parte do caráter dele.

RAPAZ

À parte, aproximando a tocha do rosto dela.

Deuses novos e antigos! Quantas rugas há no rosto dela!

VELHA

Ai! Ai! Não ponha a sua tocha tão perto de mim!

CRÊMILO

À parte.

Mas ela tem razão! A menor fagulha que caísse da tocha ia tocar fogo na velha, como se se tratasse de um ramo seco de oliveira...

RAPAZ

Dirigindo-se à VELHA.

Você quer brincar um pouco comigo?

VELHA

Onde, malvado?

RAPAZ

Aqui mesmo; pegue algumas nozes para jogar comigo.

VELHA

Que jogo é este?

RAPAZ

Adivinhar quantos dentes você tem.

CRÊMILO

Isto é muito fácil de adivinhar. Ela deve ter três ou quatro.

RAPAZ

Você perdeu! Ela tem um só — um molar.

VELHA

Homem mais perverso de todos! Na minha opinião você perdeu o juízo e quer fazer de mim uma bacia para lavar roupa suja diante de todo mundo.

RAPAZ

Você até podia melhorar muito se fosse lavada e esfregada com muita força.

CRÊMILO

De jeito nenhum, pois com toda esta pintura ela ainda parece aproveitável; mas se alguém lavar essa camada de tinta vai ver claramente restos de rosto.

VELHA

Apesar de sua idade, velho, você não tem um pingo de delicadeza, penso eu.

RAPAZ

Ou melhor dizendo, ele tenta seduzir você; ele está bolinando você, pensando que não estou vendo.

VELHA

Dirigindo-se a CRÊMILO.

Não! Não, velho nojento!

CRÊMILO

Não! Só se eu estivesse maluco! Não admito, rapazinho, que você queira fazer mal a esta mocinha!

RAPAZ

Mas eu sou apaixonado por ela...

CRÊMILO

E ainda assim ela acusa você!

RAPAZ

De que ela me acusa?

CRÊMILO

De ser insolente e de dizer que ela já não é mais aquela.

RAPAZ

Não vou brigar com você por causa dela.

CRÊMILO

Por que não?

RAPAZ

Por respeito à sua idade. Eu nunca ia deixar que outra pessoa fizesse isso. Agora você pode ir embora satisfeito, levando a sua gatinha...

CRÊMILO

Sei muito bem o que você está pensando. Você já não acha bom transar com ela.

VELHA

E quem é capaz de suportar este rapaz?

RAPAZ

Eu não posso mais suportar uma mulher esgotada em transas indecorosas

Apontando para os espectadores.

com estes treze mil homens.

CRÊMILO

Dirigindo-se ao RAPAZ.

Já que você gostou de beber o vinho, agora vai ter de engolir a borra.

RAPAZ

Mas esta borra é velha e bolorenta demais!

CRÊMILO

Um filtro para vinho pode resolver o problema. Vamos! Entrem!

RAPAZ

Quero entrar para consagrar ao deus estas coroas que tenho na cabeça.

VELHA

Eu ainda quero dizer uma coisa a você.

RAPAZ

Então não entro mais.

CRÊMILO

Não tenha medo! Entre! Ela não vai forçar você a fazer nada.

RAPAZ

Você falou muitíssimo bem. Já passei muito tempo tapando os buracos dela.

VELHA

Entre! Eu vou atrás de você.

Entram o RAPAZ *e a* VELHA.

CRÊMILO

Com que gana a velhinha se gruda no rapaz! Parece uma concha nas pedras!

CRÊMILO *também entra. Aparece* HERMES[56]*; ele bate à porta da casa de* CRÊMILO *e depois se esconde.*

CARÍON

Do interior da casa, entreabrindo a porta.

Quem está batendo? Quem é? Não vejo ninguém; deve ter sido a própria porta que fez barulho.

CARÍON *faz menção de entrar.*

HERMES

Mostrando-se e chamando CARÍON.

É com você mesmo, Caríon, que eu quero falar; venha cá.

CARÍON

Você aí, me diga: foi você quem bateu na porta com tanta força?

HERMES

Não, mas eu ia bater. Agora você abriu, chegando primeiro. Chame o dono da casa! Vá correndo, depois chame a mulher dele e os filhos do casal, e depois os escravos, depois a cadela, depois você mesmo e finalmente a porquinha!

CARÍON

Antes me diga qual é o caso.

HERMES

Fique sabendo, criado incompetente, que Zeus quer misturar vocês todos no mesmo cesto para jogar no inferno[57].

CARÍON

À parte.

Devemos cortar a língua do moço de recados que traz esta novidade.

Dirigindo-se a HERMES.

Mas por que ele está mal-intencionado com a gente?

HERMES

Porque vocês armaram uma encrenca terrível. De fato, desde o momento em que Pluto voltou a enxergar ninguém nos oferece mais incenso, nem ramos de loureiro, nem bolos, nem vítimas para serem sacrificadas, nem coisa nenhuma, a nós, os deuses do Olimpo.

CARÍON

Não se oferece e nunca mais se oferecerá, pois até agora vocês quase não pensavam em nós.

HERMES

Pouco me importam os outros deuses, mas eu mesmo estou nas últimas; ou seja, estou morrendo.

CARÍON

Você está agindo com a cabeça.

HERMES

Até agora eu ganhava dos quitandeiros todas as coisas boas: bolos de vinho, amoras, mel, figos secos, tudo que eu gosto. Agora fico deitado com as pernas para o ar, morrendo de fome.

CARÍON

E você não acha isto justo, você que muitas vezes fazia mal às pessoas de quem você recebia tanta coisa boa?

HERMES

Ah! Como sofro com saudades do bolo de queijo que preparavam para mim no quarto dia do mês!

CARÍON

Você lamenta o que já era; suas queixas não adiantam.

HERMES

Ah! Pernas de porco que eu devorava!...

CARÍON

Exercite as suas próprias pernas pulando por cima de um barril de vinho aqui ao ar livre.

HERMES

E as entranhas bem quentes que eu estraçalhava e comia!...

CARÍON

Parece que alguma cólica está revolvendo suas próprias entranhas.

HERMES

Ah! Taças com a mistura meio a meio!

CARÍON

Peidando.

Engula este peido e trate de salvar a sua pele o mais depressa possível!

HERMES

Você quer prestar um serviço ao seu amigo que lhe quer tanto bem?

CARÍON

Se eu puder fazer o que você vai me pedir...

HERMES

Ah! Se você me trouxesse um pão bem fresquinho para eu comer com um pedaço de carne do animal que estão sacrificando lá dentro!...

CARÍON

Isto é proibido.

HERMES

Mas quando você passava a mão em alguma coisa de seu patrão, mau-caráter, eu sempre fazia com que seu furto não fosse percebido.

CARÍON

É verdade, mas com a condição de levar a sua parte, pois sempre sobrava para você um grande bolo bem assado.

HERMES

Que você mesmo comia, sem dividir comigo.

CARÍON

Você também não dividia comigo as porradas quando me apanhavam em flagrante.

HERMES

Você esquece os males passados, agora que está feliz. Vamos! Me receba em sua casa, em nome dos deuses!

CARÍON

Então você quer abandonar os outros deuses para ficar aqui?

HERMES

As coisas estão bem melhores aqui na sua casa.

CARÍON

Como? Você acha decente desertar agora?

HERMES

"A pátria é qualquer lugar onde nos sentimos bem."[58]

CARÍON

O que é que você pode fazer se ficar aqui com a gente?

HERMES

Me ponha perto da porta para eu tomar conta dela.

CARÍON

Tomar conta? Mas nós não queremos ninguém que tome!

HERMES

Faça de mim um empresário.

CARÍON

Agora nós estamos ricos. Para que vamos querer um Hermes empresário?

HERMES

Então um Hermes trambiqueiro, que é a mesma coisa...

CARÍON

Trambiqueiro? Essa não! Não temos mais razões para fazer trambiques; queremos atividades honestas.

HERMES

Bem que eu podia ser o guia do deus.

CARÍON

O deus agora enxerga bem; não temos a menor necessidade de guias.

HERMES

Então vou ser presidente da Confederação Ateniense de Esportes e Diversões. Que diz você desta vez? Nada pode ser mais vantajoso para Pluto do que instituir competições esportivas e musicais[59] na C.A.E.D.

CARÍON

Como é bom ter muitos sobrenomes! Este malandro aqui já tem um meio de ganhar a sua vidinha. Não é por nada que os cidadãos do corpo de jurados se esforçam para ser inscritos em muitas circunscrições.[60]

HERMES

Então vocês querem me receber nesta qualidade?

CARÍON

Queremos, sim; vá já aos poços lavar as vísceras dos animais sacrificados a fim de mostrar que você está em perfeitas condições de nos prestar serviços imediatamente.

Entram na casa HERMES e CARÍON. Aparece em cena um sacerdote de Zeus.

SACERDOTE

Quem pode dizer com certeza onde está Crêmilo?

CRÊMILO

Saindo de casa.

Que é que há, gente boa?

SACERDOTE

Nada de bom. Desde que o deus que você sabe muito bem qual é recuperou a visão estou morrendo de fome. Nada tenho para mastigar, embora seja sacerdote de Zeus Salvador.

CRÊMILO

Qual é a causa desta situação?

SACERDOTE

Agora ninguém quer fazer sacrifícios aos deuses.

CRÊMILO

Por quê?

SACERDOTE

Porque todo mundo está rico. Mas no tempo em que muitas pessoas nada tinham, tanto um empresário de volta de uma viagem de negócios como um homem absolvido na justiça sacrificavam vítimas para comemorar sua boa sorte. Outras pessoas realizavam sacrifícios para receber augúrios favoráveis, e me convidavam na qualidade de sacerdote de Zeus. Agora ninguém oferece o menor sacrifício, nem freqüenta os templos, a não ser as milhares de pessoas que vão lá para mijar nas paredes.

CRÊMILO

À parte.

E você não recebe sua parte habitual dessas "oferendas"?

SACERDOTE

Também quero pedir a Zeus Salvador para me dispensar, pois eu também quero morar aqui com vocês.

CRÊMILO

Fique tranqüilo; tudo irá bem, se os deuses quiserem, pois Zeus Salvador está presente aqui; ele veio espontaneamente.

SACERDOTE

Então tudo irá bem, como você mesmo diz.

O SACERDOTE quer entrar.

CRÊMILO

Espere um pouco! Vamos agora mesmo instalar Pluto no lugar dele, como guardião perpétuo do Tesouro da cidade[61]. Vamos! Tragam tochas acesas para cá!

Dirigindo-se ao SACERDOTE.

Você vai pegar as tochas para marchar com elas na frente do deus.

SACERDOTE

É exatamente isto que deve ser feito.

CRÊMILO

Chame Pluto para sair conosco!

Sai de casa PLUTO, seguido pela VELHA.

VELHA

E eu, que vou fazer?

CRÊMILO

Ponha estas panelas na cabeça[62] para a entronização do deus e leve elas solenemente. Por coincidência você está vestida de cores vivas.[63]

VELHA

E o assunto de que eu vim tratar?

CRÊMILO

Tudo vai sair bem para você. O rapaz vai se encontrar com você logo mais à noite.

VELHA

Que bom! Se você quer dizer que ele vem transar comigo, eu levo as panelas!

A VELHA põe logo as panelas na cabeça.

CRÊMILO

Estas panelas não são como as outras. Nas outras a crosta[64] fica por cima; aqui as panelas vão por cima da crosta em que se transformou a pele enrugada da velha...

PLUTO começa a marchar solenemente, seguido de perto pela VELHA e por todos.

CORIFEU

Não devemos demorar mais; vamos sair. Não há razões para ficarmos aqui por mais tempo. Sigamos cantando atrás deles.

Saem todos.

FIM

NOTAS

1. No original *Pluto*, deus da riqueza na mitologia grega.

2. Sicofante (ou sicofanta): denunciante junto às autoridades, de infrações geralmente imaginárias contra o patrimônio de Atenas, para tirar proveito pecuniário. Com o tempo a palavra adquiriu o sentido de chantagista, mau-caráter, delator.

3. Loxias (= oblíquo), era um dos epítetos do deus Apolo, numa alusão à ambigüidade de suas profecias e oráculos.

4. Os peregrinos que iam a Delfos consultar o oráculo de Apolo, o deus das profecias, levavam na cabeça uma coroa de ramos de loureiro até chegarem de volta às suas casas; enquanto portavam a coroa essas pessoas, ainda que fossem escravos, permaneciam consagradas ao deus e ninguém podia maltratá-las.

5. Febo: outro epíteto de Apolo, significando "luminoso".

6. Os habitantes de Corinto — principalmente as mulheres — eram célebres por sua depravação.

7. O "Grande Rei" era o rei da Pérsia.

8. Assembléia Popular: literalmente *Ekklesía*, era a assembléia constituída pelos cidadãos atenienses; cada cidadão recebia três óbolos para participar das reuniões.

9. Pânfilo, comandante das forças atenienses na época da primeira representação desta peça, foi acusado de locupletar-se com os recursos do Tesouro da cidade.

10. A riqueza de Aguírrio levava-o a comportar-se insolentemente.

11. Laís: uma prostituta de Corinto, famosa por sua beleza na época de Aristófanes. Filonides era famoso por sua grande fortuna, por sua inteligência curta e por sua devassidão.

12. Timóteo era um general ateniense muito rico, que mandou construir em Atenas uma torre dedicada à Fortuna.

13. Talento: ver a nota 61 às *Nuvens*.

14. Linceu, um dos Argonautas,tinha a vista extremamente penetrante, a ponto de enxergar através dos objetos opacos.

15. Um dos epítetos de Apolo era "Pítio".

16. Caronte era o barqueiro que transportava as almas dos mortos para o inferno, atravessando o rio Aqueronte.

17. Midas, rei lendário da Frígia, na Ásia Menor, que transformava em ouro tudo em que tocava. Para as alusões a Midas (e aos Cíclopes logo abaixo), e outras ao longo da peça, ver o *Dicionário de mitologia grega e romana* publicado por Jorge Zahar Editor.

18. Na *Odisséia* de Homero os companheiros de viagem de Odisseu furam o único olho do Cíclope com um pedaço de madeira em brasa.

19. Circe: feiticeira famosa na Antigüidade, mencionada na *Odisséia*, que transformou os companheiros de Odisseu em porcos..

20. Para Filonides ver a nota 11. Em vez de Odisseu Aristófanes diz Filonides.

21. O "filho de Laertes" é Odisseu.

22. Ares (o Marte dos latinos) era o deus da guerra e dos combates em geral na mitologia grega.

23. Ver a nota 8.

24. Os Heráclidas eram os descendentes do herói Heraclés (o Hércules dos latinos); numa colunata de Atenas havia um quadro pintado pelo famoso pintor Pânfilo, no qual os Heráclidas pediam a proteção dos atenienses.

25. Literalmente: "em nome de Hestia", que era a deusa protetora do fogo da lareira, sagrado para os gregos antigos. Na linha seguinte: Poseidon, o deus maior dos mares para os gregos.

26. Na época em que foi apresentada pela primeira vez esta peça em Atenas, a cidade atravessava uma grave crise financeira em decorrência da derrota na guerra do Peloponeso.

27. Asclépio (o Esculápio dos latinos), filho de Apolo, era o deus da medicina.

28. As Fúrias (em grego *Erinyes*) eram divindades incumbidas de punir os crimes hediondos.

29. Alusão à tragédia *Eumênides* de Ésquilo (publicada por esta editora), onde as Fúrias aparecem portando tochas em perseguição a Orestes.

30. Literalmente: o Báratro, precipício onde os atenienses lançavam os piores criminosos.

31. As pessoas que iam ser torturadas eram amarradas em postes (pelourinhos) mediante uma coleira de ferro posta no pescoço.

32. No inverno os pobres podiam entrar sem pagar nas casas de banhos para se aquecerem.

33. Dionísio era um tirano cruel, e Trasíbulo livrou a pátria da tirania.

34. Cronos: ver a nota 28 às *Nuvens*.

35. Hecate: deusa das encruzilhadas e da magia em geral.

36. Verso de Eurípides em uma de suas tragédias perdidas. Argos era uma das cidades-estados mais importantes da Grécia na idade heróica.

37. Páuson era um pintor paupérrimo, muito popular em Atenas.

38. Esta fala da Pobreza e as seguintes são provavelmente versos de tragédias perdidas de Eurípides.

39. Ver a nota 31.

40. Asclépio: veja-se a nota 27.

41. Rei lendário de Atenas e herói da cidade.

42. Hefesto: o deus do fogo na mitologia grega (o Vulcano dos latinos).

43. Neoclides era um orador ateniense acusado de ter-se apropriado indebitamente de dinheiro do governo.

44. Havia nos templos de Apolo (pai de Asclépio) serpentes que vieram a ser o símbolo da medicina, enroscadas num bastão.

45. Iasó e Panacéia eram filhas de Asclépio, o deus da medicina.

46. Alusão a certos médicos da época, que examinavam as fezes do paciente para tirar conclusões quanto a seu estado.

47. Cêcrops: rei lendário de Atenas.

48. Dexínico: provavelmente um glutão famoso na época de Aristófanes.

49. Nos mistérios de Elêusis, localidade próxima de Atenas, os peregrinos usavam roupas velhas, apropriadas para a longa viagem até o santuário.

50. Ver a nota 2.

51. O sílfio era uma planta abundante no norte da África, usada como condimento e remédio. Fazia a prosperidade de Cirene, cidade principal da Líbia antiga. Batos foi o fundador de Cirene.

52. O Homem Justo chama de "armadura" o velho manto posto nos ombros do sicofante.

53. Ver a nota 32.

54. Literalmente: "antigamente os milésios tinham muito valor", provérbio significando que certa coisa já não tinha o valor antigo.

55. O vinho de ilha de Tasos era muito perfumado.

56. Hermes era o deus mensageiro de Zeus e patrono dos larápios.

57. Ver a nota 30.

58. Provérbio, talvez inserido em alguma tragédia de Eurípides.

59. As despesas das competições públicas eram pagas pelos cidadãos mais ricos de Atenas; tratava-se, portanto, de um assunto da alçada de Pluto.

60. Os cidadãos atenienses incumbidos de formar o corpo de jurados eram distribuídos em dez circunscrições de acordo com as letras que tiravam de uma urna no sorteio. A tentação de receber pagamento pelo comparecimento levava os atenienses na época de Aristófanes a querer ganhar o "jeton" em várias circunscrições.

61. Tesouro: o *opistôdomos*, lugar fortificado atrás do templo de Atena, padroeira da cidade; lá se guardava o tesouro da cidade.

62. Recipientes cheios de alimentos preparados, que eram oferecidos ao deus cuja imagem era inaugurada.

63. Nas procissões as mulheres atenienses usavam roupas de cores vivas.

64. A nata do leite fervido e a crosta de gordura de outras fervuras de alimentos ficam sobrenadando na panela e se enrugam à proporção que esfriam, enquanto as rugas da velha ficavam por baixo da panela, no rosto e no corpo dela.

Trabalhos publicados por Mário da Gama Kury

1. *Dicionário de mitologia grega e romana,* Rio de Janeiro, Jorge Zahar, 7ª ed., 2003.
2. "O grego no 2º milênio a.C.", in *Revista Filológica* n.7, 1957.
3. Introdução à *Oração da coroa* de Demóstenes, na tradução de Adelino Capistrano, Rio de Janeiro, Edições de Ouro, 1965.
4. Introdução às *Vidas de Alexandre e César* de Plútarcos, na tradução de Hélio Veiga, Rio de Janeiro, Edições de Ouro, 1965.

Traduções do grego com introdução e notas

5. Aristófanes. *As nuvens, Só para mulheres, Um deus chamado dinheiro,* Rio de Janeiro, Jorge Zahar, 3ª ed., 2003.
6. Aristófanes, *As vespas, As aves, As rãs,* Rio de Janeiro, Jorge Zahar, 2ª ed., 2000.
7. Aristófanes, *A greve do sexo* e *A revolução das mulheres,* Rio de Janeiro, Jorge Zahar, 5ª ed., 2002.
8. Marco Aurélio, *Meditações,* Rio de Janeiro, Edições de Ouro, 1967.
9. Aristófanes, *A paz* — Menandro, *O misantropo,* Rio de Janeiro, Edições de Ouro, 1968.
10. Tucídides, *História da guerra do Peloponeso,* Brasília, Editora UnB, 3ª ed., 1988.
11. Aristóteles, *Política,* Brasília, Editora UnB, 1985.
12. Aristóteles, *Ética a Nicômacos,* Brasília, Editora UnB, 1985.
13. Políbios, *História,* Brasília, Editora UnB, 2ª ed., 1988.
14. Heródotos, *História,* Brasília, Editora UnB, 2ª ed., 1988.
15. Diógenes Laêrtios, *Vidas e doutrinas dos filósofos ilustres,* Brasília, Editora UnB, 1988.
16. Sófocles, *A trilogia tebana — Édipo Rei, Édipo em Colono, Antígona,* Rio de Janeiro, Jorge Zahar, 10ª ed., 2002.
17. Ésquilo, *Oréstia — Agamêmnon, Coéforas, Eumênides,* Rio de Janeiro, Jorge Zahar, 6ª ed., 2003.
18. Eurípides, *Medéia, Hipólito, As Troianas,* Rio de Janeiro, Jorge Zahar, 5ª ed., 2001.
19. Ésquilo, *Os persas* — Sófocles, *Electra* — Eurípides, *Hécuba,* Rio de Janeiro, Jorge Zahar, 4ª ed., 2000.
20. Eurípides, *Ifigênia em Áulis, As fenícias, As bacantes,* Rio de Janeiro, Jorge Zahar, 4ª ed., 2002.
21. Ésquilo, *Prometeu acorrentado* — Sófocles, *Ájax* — Eurípides, *Alceste,* Rio de Janeiro, Jorge Zahar, 3ª ed., 1999.

Outras traduções

22. Jacqueline de Romilly, *Fundamentos de literatura grega,* Rio de Janeiro, Jorge Zahar, 1984.
23. Sir Paul Harvey, *Dicionário Oxford de literatura clássica grega e latina,* Rio de Janeiro, Jorge Zahar, 1987.
24. Marcel Detienne, *A escrita de Orfeu,* Rio de Janeiro, Jorge Zahar, 1991.
25. J.V. Luce, *Curso de filosofia grega,* Rio de Janeiro, Jorge Zahar, 1994.